LOS ESTOICOS

MARCO AURELIO
PENSAMIENTOS

Traducción,
Prólogo
y Notas
de
JUAN BAUTISTA BERGUA

Presentado por
Manuel Fernández de la Cueva
Profesor de Filosofía

Colección La Crítica Literaria
www.LaCriticaLiteraria.com

Copyright del texto: ©2010 J. Bergua
Ediciones Ibéricas - Clásicos Bergua - Librería-Editorial Bergua
Madrid (España)

Copyright de esta edición: ©2010 LaCriticaLiteraria.com
Colección La Crítica Literaria
www.LaCriticaLiteraria.com
ISBN: 978-84-7083-142-3

Ediciones Ibéricas - LaCriticaLiteraria.com
Calle Ferraz, 26
28008 Madrid
www.EdicionesIbericas.es
www.LaCriticaLiteraria.com

Impreso por LSI

CONTENIDOS

EL CRÍTICO - JUAN BAUTISTA BERGUA

Juan Bautista Bergua nació en España en 1892. Ya desde joven sobresalió por su capacidad para el estudio y su determinación para el trabajo. A los 16 años empezó la universidad y obtuvo el título de abogado en tan sólo dos años. Fascinado por los idiomas, en especial los clásicos, latín y griego, llegó a convertirse en un célebre crítico literario, traductor de una gran colección de obras de la literatura clásica y en un especialista en filosofía y religiones del mundo. A lo largo de su extraordinaria vida tradujo por primera vez al español las más importantes obras de la antigüedad, además de ser autor de numerosos títulos propios.

SU LIBRERÍA, LA EDITORIAL Y LA "GENERACIÓN DEL 27"

Juan B. Bergua fundó la Librería-Editorial Bergua en 1927, luego Ediciones Ibéricas y Clásicos Bergua. Quiso que la lectura de España dejara de ser una afición elitista. Publicó títulos importantes a precios asequibles a todos, entre otros, los diálogos de Platón, las obras de Darwin, Sócrates, Pitágoras, Séneca, Descartes, Voltaire, Erasmo de Rotterdam, Nietzsche, Kant y las poemas épicas de La Ilíada, La Odisea y La Eneida. Se atrevió con colecciones de las grandes obras eróticas, filosóficas, políticas, y la literatura y poesía castellana. Su librería fue un epicentro cultural para los aficionados a literatura, y sus compañeros fueron conocidos autores y poetas como Valle-Inclán, Machado y los de la Generación del 27.

EL PARTIDO COMUNISTA LIBRE ESPAÑOL
Y LAS AMENAZAS DE LA IZQUIERDA

Poco antes de la Guerra Civil Española, en los años 30, Juan B. Bergua publicó varios títulos sobre el comunismo. El éxito, mucho mayor de lo esperado, le llevó a fundar el Partido Comunista Libre Español que llegaría a tener mas de 12.000 afiliados, superando en número al Partido Comunista prosoviético oficial existente. Su carrera política no duró mucho después que estos últimos le amenazaran de muerte viéndose obligado a esconderse en Getafe.

LA CENSURA, QUEMA DE LIBROS
Y SENTENCIA DE MUERTE DE LA DERECHA

Juan B. Bergua ofreció a la sociedad española la oportunidad de conocer otras culturas, la literatura universal y las religiones del mundo, algo peligrosamente progresivo durante la dictadura de Franco, época reacia a cualquier ideología en desacuerdo con la iglesia católica.

En el 1936 el ejército nacionalista de General Franco llegó hasta Getafe, donde Bergua tenía los almacenes de la editorial. Fue capturado, encarcelado y sentenciado a muerte por los Falangistas, la extrema derecha.

Mientras estuvo en la cárcel temiendo su fusilamiento, los falangistas quemaron miles de libros de sus almacenes por encontrarlos contradictorios a la Censura, todas las existencias de las colecciones de la Historia de Las Religiones y la Mitología Universal, los libros sagrados de los muertos de los Egipcios y Tibetanos, las traducciones de El Corán, El Avesta de Zoroastrismo, Los Vedas (hinduismo), las enseñanzas de Confucio y El Mito de Jesús de Georg Brandes, entre otros.

Aparte de los libros religiosos y políticos, los falangistas quemaron otras colecciones como Los Grandes Hitos Del Pensamiento. Ardieron 40.000 ejemplares de La Crítica de la Razón Pura de Kant, y miles de libros más de la filosofía y la literatura clásica universal. La pérdida de su negocio fue un golpe tremendo, el fin de tantos esfuerzos y el sustento para él y su familia…fue una gran pérdida también para el pueblo español.

PROTEGIDO POR GENERAL MOLA Y EXILIADO A FRANCIA

Cuando General Emilio Mola, jefe del Ejército del Norte nacionalista y amigo de Bergua, recibe el telegrama de su detención en Getafe intercede inmediatamente para evitar su fusilamiento. Le fue alternando en cárceles según el peligro en cada momento porque los falangistas iban a buscar a los "rojos peligrosos" y los llevaban en camiones a las afueras de las ciudades para fusilarlos.

¿El General y "El Rojo"? Su amistad venia de cuando Mola había sido Director General de Seguridad antes de la guerra civil. En 1931, tras la proclamación de la Segunda República, Mola se refugió durante casi tres meses en casa de Bergua y para solventar sus dificultades económicas Bergua publicó sus memorias. Mola fue encarcelado, pero en 1934 regresó al ejército nacionalista y en 1936 encabezó el golpe de estado contra la República que dio origen a la Guerra Civil Española. Mola fue nombrado jefe del Ejército del Norte de España, mientras Franco controlaba el Sur.

Tras la muerte de Mola en 1937, su coronel ayudante dio a Bergua un salvoconducto con el que pudo escapar a Francia. Allí siguió traduciendo y escribiendo sus libros y comentarios. En 1959, después de 22 años de exilio, el escritor regresó a España y a sus 65 años comenzó a publicar de nuevo hasta su fallecimiento en 1991. Juan Bautista Bergua llegó a su fin casi centenario.

Escritor, traductor y maestro de la literatura clásica, todas sus traducciones están acompañadas de extensas y exhaustivas anotaciones referentes a la obra original. Gracias a su dedicado esfuerzo y su cuidado en los detalles, nos sumerge con su prosa clara y su perspicaz sentido del humor en las grandes obras de la literatura universal con prólogos y notas fundamentales para su entendimiento y disfrute.

Cultura unde abiit, libertas nunquam redit.
Donde no hay cultura, la libertad no existe.

El Editor

PRESENTACIÓN

La traducción del libro de Marco Aurelio titulado *"Pensamientos"* fue hecha por J.B. Bergua en el año 1934. Originariamente este libro de Marco Aurelio se publicó en un solo volumen titulado *"Los Estoicos"*, compuesto por las *"Máximas"* de Epicteto y el libro *"De la Consolación por la Filosofía"* de Boecio. De esta publicación se hicieron dos ediciones en 1934 y 1935 respectivamente.

Fieles al pensamiento de J.B. Bergua, en esta edición sólo se hayan hecho correcciones formales -como son ciertas erratas, cambio de nombres, cambios en la acentuación de algunas palabras, etc.-, es decir, que la traducción hecha por J.B. Bergua queda prácticamente intacta. Sólo en uno o dos casos se ha cambiado algo y, estos casos, no son lo suficientemente importantes como para señalarlos. La misma fidelidad a J.B. Bergua nos ha hecho considerar que la calidad de un texto es independiente de su coste económico. Por tanto, con la mejor calidad literaria y filosófica y con el mejor coste económico, presentamos los *"Pensamientos"* de Marco Aurelio.

Marco Aurelio nace en Roma en el año 121 y muere, posiblemente por la peste, cerca de la actual Viena el año 180.

Marco Aurelio escribió sus *"Pensamientos"* en griego y no en latín. Esta obra se compone de doce libros —compuestos por máximas, sentencias breves y reflexiones- de diversa extensión y ecléctica temática. En el Libro I Marco Aurelio reconoce y admira a las personas que más han influido en él. En los otros libros los temas que trata son sumamente variados, por ejemplo, habla sobre la fragilidad humana, el orden natural, la vida ética interior del hombre, la vida pública y política, el alma, el origen del hombre y del universo, la condición humana, el tiempo, la muerte, etc. Sorprende, sobre todo, la consideración frágil y efímera que Marco Aurelio tiene de la vida del hombre.

Madrid, abril de 2010
Manuel Fernández de la Cueva
Profesor de Filosofía

PRÓLOGO

UNAS PALABRAS PRELIMINARES
DE ANTÍSTENES A MARCO AURELIO

Vivía aún Sócrates cuando uno de los discípulos que más culto y veneración rindió a su nombre, Antístenes (que antes de seguir al gran maestro había escuchado las doctrinas del sofista Gorgias), derivando de la humanitaria y práctica doctrina de aquél una moral severa, dejó oír por primera vez a los hombres allá en un gimnasio de los arrabales de Atenas llamado Cinosarges (el perro blanco, de donde tomó nombre la escuela cínica y sus partidarios los cínicos, perros), que el desprecio de las riquezas era el primer paso para alcanzar la virtud; que ésta consiste precisamente en despreciar el fausto, los honores, los bienes materiales y cuanto los hombres suelen estimar y codiciar; que tanto más libre es el hombre cuanto menos apego tiene a la vida, y tanto más esclavo y más desgraciado cuanto más se cuida de la opinión ajena y de la consideración pública.

Antístenes vivió pobre, errando por las calles de Atenas, donde había nacido. Cubierto por una mala capa, el zurrón al hombro y un palo en la mano, iba de un lado para otro encarándose audazmente con los transeúntes y reprobando en alta voz la conducta de aquellos que a su juicio lo merecían.

En una de sus peregrinaciones por la ciudad fue oído por un hombre que había llegado a Atenas huyendo de Sinope, de donde había sido expulsado por monedero falso. Este hombre verdaderamente extraordinario, dotado de sutilísimo espíritu, viva ansia de saber y poderosa fuerza de carácter, era Diógenes (408-320 a. C.), que había de hacer célebre la escuela iniciada por su maestro, pero fundamentada y consolidada por él.

Los escritores antiguos, especialmente Diógenes Laercio, se han complacido en repetir una porción de anécdotas de este filósofo, a quien las doctrinas de Antístenes infundieron una vida nueva: «Esclavo era-decía Diógenes-, y su palabra me ha hecho libre.» Por ellos sabemos que pasó parte de su vida en Corinto; que en una travesía marítima, unos piratas le hicieron prisionero y le vendieron a un tal Xeniades, quien, apreciando al punto sus grandes y originales talentos, le hizo preceptor de su hijo; que habiendo hecho voto de la más estricta pobreza, jamás consintió en usar vestido distinto de una simple túnica y un manto; que todos sus bienes, aparte los harapos que le cubrían, era un mísero zurrón, un palo en el que se apoyaba y una escudilla para tomar el agua de las fuentes públicas, escudilla que arrojó, como lujo superfluo, al observar cierto día que un niño se servía de su mano para beber; que por toda casa y todo abrigo para resguardarse usaba una barraca de arcilla, transportable, en forma de tonel, que halló abandonada; que cuando Alejandro el Grande, al pasar por Corinto, atraído por su fama, llegó junto a él y le preguntó que le dijese qué quería, para concedérselo. «Que no me quites el sol», fue cuanto le contestó el filósofo («A no ser Alejandro, quisiera ser Diógenes», replicó el príncipe admirado); que sus razonamientos eran incontrovertibles, sus réplicas agudísimas y felices, su ingenio siempre vivo y chispeante (como en pleno día se le viese en cierta ocasión errar por las calles de la ciudad empuñando una linterna encendida y alguien le preguntase que qué hacía, replicó sin detenerse que buscar un hombre); que su austeridad era proverbial y tan grande que excedía hasta a sus propias predicaciones; que audazmente, valientemente, franca, sincera, brutalmente incluso, reprendía a quienquiera que fuese y lo mereciera su pereza, su fausto o su inmoralidad, recomendándoles, en cambio, el amor al trabajo, la frugalidad, la castidad y el desprecio de las riquezas; que su presencia y su palabra era en todo momento una protesta viva y una reacción fulminante contra la especulación metafísica y contra el refinamiento superficial de las costumbres; que, hostil, enemigo declarado de conveniencias e hipocresías, predicó siempre una moral pura y austera que tenía por meta el retorno a la Naturaleza y a la vida natural y sencilla; que se levantaba contra el lujo, la avaricia, la ambición y el espíritu de venganza tan arraigado en los pueblos antiguos; que se burlaba de la nobleza de origen, del ansia de honores y distinciones (adornos del vicio, según él los llamaba); que, esforzándose por mostrar de continuo la vanidad de las ocupaciones de los hombres, continuamente también les reprochaba el olvidar y menospreciar las reglas de la vida interior, cuando, por el contrario, tanto les preocupaban las de las cosas exteriores; en fin, que satirizaba sin piedad a los retóricos, de los cuales decía «que enseñaban el arte de bien decir, pero no el de bien obrar».

¿Es, pues, de extrañar que estas teorías fuesen el fundamento y principio de las de los estoicos, cuyas doctrinas humanizaron el mundo antiguo? Tampoco asombra, luego el saber que el retrato que trazaba Epicteto (maestro del cinismo) del verdadero cínico era la imagen perfecta del sabio por excelencia, la admiración que hacia él sentían ciertos Padres de la Iglesia, como San Jerónimo, que hablaba de él con muestras de la mayor estima, y San Juan Crisóstomo, que le atribuía lo mejor de cuanto bueno podía decirse en lo relativo a las costumbres y le proponía, en uno de sus escritos contra los que despreciaban la vida monástica, como ejemplo de lo mejor de lo mucho bueno que encerraban determinadas virtudes religiosas.

Y es que el Cristianismo tomó del Cinismo sus dos puntos cardinales: el desinterés absoluto por los bienes terrenales y la aversión hacia las creencias paganas, hacia el politeísmo, hacia la fe en los oráculos y sus misterios.

¡Los dioses! Diógenes se reía de ellos; no podía creer en ellos.

Diógenes se reía igualmente de las especulaciones filosóficas. Para él nada había sólido y útil fuera de la moral. El verdadero filósofo, según él, había de ser médico y piloto a la vez; había, no de soñar, sino de curar y guiar. ¿Qué quiere decir Platón con todas sus disquisiciones acerca de la idea de lo que es una mesa? «Yo no veo sino la mesa», decía el cínico.

La prosperidad del Estado, el patriotismo... Diógenes es el primer hombre que se ha llamado ciudadano del mundo; cualquier tierra era su patria; no reconocía otros deberes que aquellos que le encadenaban a la Humanidad, a la que trataba de instruir y volver al camino de la Naturaleza.

Costumbres, conveniencias, pudor... ¿Cómo atribuir importancia a cosas respecto a las cuales los hombres de cada país opinaban tan diferentemente?

La literatura, el arte... ¡Puras fantasías!

El ideal de la vida, según Diógenes, era el volver hacia la Naturaleza, que la aplicación del precepto «Conócete a ti mismo», de Quilón, nos aconseja de continuo. Era preciso acercarse en lo posible al modo de ser (en lo que al modo de vivir sencillo y natural respecta) de los animales, nuestros hermanos, más libres y felices que nosotros.

Murió en Corinto. Aunque había encargado mucho antes que dejasen su cuerpo insepulto para que sirviese de pasto a los perros, sus admiradores le erigieron una soberbia sepultura coronada por un perro tallado en mármol.

Sin duda, como Sócrates, no escribió nada. En todo caso, nada ha quedado de sus escritos.

LOS ESTOICOS

El simple sentido de la palabra "estoicismo", que evoca al pronunciarla la idea de una virtud austera y tal vez altiva, lleva como de la mano a derivar esta doctrina filosófica, esta verdadera y admirable moral, de la anterior.

El fundador de esta nueva tendencia filosófica, de esta fecunda rama moral, acodo del árbol anterior, pero pronto enraizada y frondosa por cuenta propia, fue Zenón, natural de Kitión, en la isla de Chipre (326-246), que estableció su escuela en cierta galería pública de Atenas, decorada con hermosas pinturas (stoa poikile). En esta stoa (galería), de donde la escuela tomó el nombre de estoica y estoicos sus partidarios, empezó a dar a conocer Zenón sus doctrinas, hacia el año 300.

Zenón había sido discípulo y gran admirador del cínico Crates; también estudió a los platónicos y a los megarenses, y con lo que creyó mejor de todos ellos, con la pureza de las doctrinas de Sócrates y de sus discípulos y lo que de nuevo, viril y enérgico había en las enseñanzas de los cínicos, compuso sus doctrinas, que tendían a establecer una moral práctica y a enseñar a los hombres, no tan sólo por la palabra, sino muy principalmente mediante el ejemplo. Es decir, que mientras en la Física restauró el materialismo dinámico de Heráclito, en la Ética se adhirió al Cinismo, llevando el fin del propio contentamiento, propuesto por éste, hasta la exigencia de un vencimiento completo de los afectos todos. «Los estoicos-dice Condorcet- hicieron consistir la virtud y la felicidad en la posesión de un alma insensible lo mismo al placer que al dolor, libre de todas las pasiones, superior a todos los temores, no reconociendo otro bien más real que la virtud ni otro mal real que el remordimiento. Creían que el hombre tiene sobrado poder para remontarse a tal altura con tal de poseer una voluntad firme y constante; y que así, independientemente de la fortuna y dueño siempre de sí mismo llega a ser inaccesible al vicio y a la desgracia. Según ellos, un espíritu único anima al mundo y está presente en todas partes, si no es que él mismo lo sea todo y que exista otra cosa que no sea él. Las almas humanas son sus emanaciones. La del sabio que no ha mancillado la pureza de su origen va a reunirse en el instante de la muerte a ese espíritu universal. La muerte sería, pues, un bien si para el sabio sometido a las leyes de la Naturaleza y abroquelado contra todo lo que el vulgo llama males, no hubiera más grandeza que considerarla como una cosa indiferente.»

Esta verdadera filosofía moral y la pureza y serenidad de su vida, que jamás contradijo sus doctrinas, valieron a Zenón tal nombradía, que, aunque no era ciudadano ateniense ni adquirió jamás tal derecho, recibió en su patria adoptiva los más grandes honores: dos reyes griegos sostuvieron correspondencia con él, y a su muerte fue enterrado con toda pompa y solemnidad a expensas de la República, que aún publicó un decreto proclamando que merecía el bien de todos por su mucha sabiduría y elevada categoría moral.

Es decir, que de manos de Zenón salió la escuela cínica fortalecida, mejorada, purificada (en su tratado *"Sobre la República"* tomó también de los cínicos el ideal cosmopolita de la vida común de los hombres todos sobre la base de un derecho racional) y su mucha sabiduría y virtud contribuyeron a difundir su estoicismo primero por Grecia y luego por Italia.

Los principales discípulos de Zenón fueron Perseo de Kitión, autor de un tratado *"Sobre los dioses"*; Cleante de Assos, en la Tróade, que para subvenir a sus necesidades personales sacaba, de noche, agua de los pozos para regar con ella los jardines de sus clientes, y que, a la muerte de su maestro, tomó la dirección de la escuela (se conoce de él un celebradísimo himno a Zeus, lleno de solemne piedad), y Crisipo de Soles (Cilicia), nacido el año 280 y considerado como el segundo fundador de la secta, como verdadero pilar del Pórtico. Éste, el más profundo representante del estoicismo, iniciado en las discrepantes enseñanzas de Aristón de Quíos, Dionisio de Heraclea y Herrilos de Cartago, previno la división de la escuela en sectas. Personalmente era un hombre pequeñito, sumamente locuaz y escritor tan fecundo, que dejó 705 obras de lectura fatigosa, pero llenas de erudición y de citas de otros autores. Fue el verdadero constructor de la doctrina estoica, especialmente en la lógica (sus tratados *"Sobre el alma"* y *"Sobre los afectos"* nos son mejor conocidos que los demás debidos a su pluma, gracias a los compendios de Galeno), y fundó, como con razón se ha dicho, una especie de escolasticismo estoico cuya influencia se hizo sentir durante varios siglos.

Diógenes de Babilonia (hacia el 240-152) rindió homenaje, en su libro *"Sobre Minerva"*, a la explicación alegórica de los mitos, propia de la escuela. De él nos ha conservado algunos fragmentos interesantes Filodemo, en su tratado *"Sobre la música"*.

Más moderado y conciliador que la generalidad de los estoicos, fue pese a comulgar también en esta doctrina, Panecio de Rodas, que en Roma trabó amistad con Escipión Emiliano, el destructor de Cartago, y le acompañó en sus embajadas al Egipto y en Asia. Luego dirigió la Escuela de Atenas, en donde murió hacia el año 112. A él fue debido el que muchos romanos ilustres entrasen en el círculo del pensamiento griego y el que la dureza del mundo de entonces adquiriese cierta blandura gracias a su aproximación a las doctrinas socráticas y a su acomodamiento a las necesidades de la vida práctica. Su *Tratado de los deberes* sirvió de modelo al libro de Cicerón del mismo título, y su teoría política no sólo fue adoptada por Polibio, sino que, a través de Cicerón, influyó en el bosquejo que hizo Montesquieu de la monarquía constitucional.

Es decir, que Panecio fue el fundador de la segunda escuela estoica, escuela que suavizó el rigor de la primera gracias a lo que tomó de otras doctrinas, especialmente de las socráticas a través de los platonianos.

Su discípulo Posidonio de Apamea, en Siria (hacia 135-51), fundó en Rodas una escuela, donde Cicerón escuchó sus enseñanzas. Pompeyo le honró también visitándole dos veces. Luego de haber viajado mucho, especialmente por nuestra patria y por las Galias, acabó estableciéndose en Roma, donde murió después de haber entablado amistad con los hombres más ilustres de esta ciudad, como los citados Cicerón, Pompeyo y Mario. Hombre de enorme erudición y de envergadura enciclopédica, dejó una obra inmensa, de la que tan sólo nos ha quedado el eco a través de la multitud de escritos de autores antiguos que se inspiraron y tomaron cuanto les plugo en tan copiosa y rica fuente. Su doctrina estoica está aún más próxima de las ideas platonianas (tomó de él, entre otras cosas, su preferencia por la psicología dualista) que la de Panecio; también aceptó muchas de las enseñanzas de Pitágoras y de Aristóteles.

Entre los estoicos griegos que enseñaron en Roma, uno de los más notables fue Cornuto, maestro y amigo de Persio, quien sentía por él tal admiración, que le comparaba a Sócrates; fue desterrado por Nerón; y el más ilustre de los estoicos romanos, Séneca, verdadero representante, en unión de Musonio Rufo, del estoicismo romano (que, como dice S. Reinach, subió al trono con Nerva y fue la religión de los emperadores hasta la muerte de Marco Aurelio), hasta el advenimiento de Epicteto. Y es que, como dijo Renán con aguda clarividencia: «Dueños del Imperio los estoicos, le reformaron con sus doctrinas y fueron los dirigentes de los más bellos años de la historia de la Humanidad».

MARCO AURELIO

Seguramente Boecio, al idear su *"Consolación por la filosofía"*, debió pensar, no solamente en Epicteto, sino en uno de los hombres más puestos a prueba por la vida: en el emperador Marco Aurelio.

Marco Aurelio Antonino Augusto[1], apellidado el Filósofo, nació en la capital del imperio romano el día 20 de abril del año 121 de nuestra era. Su padre, Annio Vero, y su madre, Domicia Lucila, pertenecían a una nobilísima familia de origen español. Muerto su padre siendo él aún muy niño, su abuelo le tomó a su cargo y se cuidó de su educación. Desde sus primeros años el destino pareció empujarle hacia la grandeza. Fue instituido caballero a los seis años, admitido en el colegio de los Salienos a los ocho, prometido en matrimonio a los quince, con la hija de Cómodo, a quien el emperador Adriano acababa de adoptar. Muerto Cómodo el 1°. de enero del año 138, Adriano adoptó a Antonino (el 25 de febrero de aquel mismo año), con la condición de que éste, a su vez, adoptase a Marco y al hijo, muy niño aún, del César fallecido. Meses después, el 10 de julio, fallecía Adriano y ocupaba su puesto Antonino; desde entonces, Marco Aurelio se vio asociado de hecho a la gobernación del Imperio. En 138-9 fue cuestor; en el 140, cónsul; el año 145 se casaba, no con la mujer que Adriano le había predestinado, sino con Faustina, la propia hija de Antonino; terminaba el año 146 cuando compartía con el emperador el poder tribunicio y consular; en fin, a la muerte de Antonino (7 de marzo del 161), le sucedió, asociando a la gobernación del Imperio con el título de césar, a su hermano Lucio Vero. El año 169, Lucio Vero moría de una apoplejía, en una expedición contra los marcomanos, estando en Altino; el 177 asoció a su hijo Cómodo. Tres años después, él mismo moría, probablemente de la peste, en Sirmio (hoy Mitrowitz, Austria), capital de la Pannonia, el 17 de marzo del 180, a los cincuenta y ocho años, diez meses y veintidós días de edad y diez y nueve años y once días de reinado.

He dicho que el destino le empujó desde los primeros años hacia la grandeza, y es cierto; pero no menos cierto que en modo alguno para su bien. Apenas muerto Antonino, las más graves complicaciones exteriores e interiores vinieron a turbar la paz y prosperidad que había disfrutado el Imperio durante el reinado de éste: Inundaciones, pestes, invasiones de los pueblos bárbaros, hasta disgustos familiares a causa de la conducta inmoderada de Faustina fue la herencia que aquel destino engañoso e implacable deparó a Marco Aurelio, varón tal vez el más ecuánime, ponderado y justo que haya ocupado un trono.

---

[1] El primer nombre de Marco Aurelio fue Catilio Severo, como su abuelo materno; luego, a la muerte de su padre, ocurrida hacia el año 130, el de Annio Vero; después de su adopción por Antonino, el 25 de febrero del año 138, el de Marco Elio Aurelio Vero; muerto Antonino, tomó el de Marco Aurelio Antonino, y cedió el nombre de Vero a Lucio Elio Aurelio Comodo, que desde entonces se llamó Lucio Aurelio Vero. El nombre de Aurelio le provenía de Tito Aurelio Flavio, abuelo del emperador Antonino.

Pero ni las miserias y calamidades innúmeras que se desencadenaron sobre el Imperio, ni las incesantes luchas con catos, britanos, partos, cuados, sármatas, yaciges, vándalos, marcomanos, castobozos, nariscos y otras cien hordas bárbaras que incesantemente trataban de invadir e invadían el Imperio por alguna de sus dilatadas partes, ni las desgracias familiares, ni las mismas ingratitudes de a quienes más había favorecido, como el ambicioso Avidio Casio, pudieron debilitar ni su inteligencia ni su voluntad durante aquellos diez y nueve años amargos en el que por su vigilante y acertada administración, por su ingenuidad y honradez, por su saber y bondadoso carácter, por su respeto al Senado y su espíritu justiciero, el pueblo romano consiguió mayor prosperidad y libertades que las que había disfrutado bajo las tantas veces añorada República.

En media docena de palabras podría aún trazarse una biografía de varón tan justo y admirable: una infancia serena; una juventud estudiosa y casta; una virilidad y una vejez consagrada sin desmayo al servicio del Estado y de la Humanidad en circunstancias las más angustiosas, graves y difíciles.

¿Es esto, con ser mucho, cuanto ha quedado de Marco Aurelio?

No. Aún se levantan, desafiando los siglos, dos monumentos magníficos. De ellos, uno aún resiste seguro los embates del tiempo: la soberbia columna que allá en Roma, en el campo de Marte, rememora sus victorias exteriores. El otro verdaderamente imperecedero, guardador y revelador de sus otras victorias, de las aún más duras y difíciles, de las interiores: el admirable libro que él tituló "*A mí mismo*" y que es más conocido por el sencillo nombre de "*Pensamientos*".

* * *

Marco Aurelio escribió sus Pensamientos, no en latín, sino en griego. Su verdadero título es τά εἰς ἑαυτὸν, que puede traducirse por "*A mí mismo*" o "*A sí mismo*"; tal vez y un poco más libremente por *Para mi uso personal*, y quizá aún mejor por *Consideraciones sobre sí mismo*.

Según las indicaciones que el mismo Marco Aurelio da al final de los libros I y II de sus Pensamientos, está fuera de toda duda que los escribió en la región del Danubio, en medio de sus luchas con los bárbaros y hacia el fin de su vida. ¿Año o años? Esto ya es más difícil de determinar; pero no será muy desacertado conjeturar que del 170 al 174 ó, tal vez, del 177 a su muerte. En todo caso parece que lo que hoy se da como libro I fue lo que últimamente escribió, y, según sus propias palabras, «en tierras de los cuados al borde del Gran». Los otros debieron serlo en plena lucha contra los marcomanos de la Pannonia.

Además de los "*Pensamientos*", se conservan de Marco Aurelio un gran número de cartas (mutiladas y casi indescifrables en su mayor parte), dirigidas a su maestro

Frontón[2]; cartas interesantísimas por cuanto iluminan vivamente la manera de pensar de su autor, a la sazón entonces de veinte o veinticinco años.

Y aún han quedado de su mano otras cuatro epístolas posteriores, brevísimas, pero todavía más interesantes que las citadas a causa de los acontecimientos que las motivaron. Estas cartas, de grandísimo valor histórico (una de ellas a propósito de la insurrección de Avidio Casio), pertenecen a los últimos años de su vida, pues las escribió teniendo cincuenta y cuatro.

Pueden leerse las primeras en la colección epistolar que lleva el nombre de Frontón. Las segundas fueron incorporadas a la *Historia Augusta* por uno de sus autores, Vulcacio Galicano.

Este mismo historiador nos ha legado un fragmento del discurso que Marco Aurelio pronunció en el Senado con motivo de la clemencia que, según su parecer, debía concederse a la familia de Casio, muerto por sus mismos soldados.

***

Aparte del libro I, enteramente distinto de los demás que componen los *"Pensamientos"* tanto por su fondo como por su forma, el resto de esta obra lo constituyen una serie de consideraciones personales, de exhortaciones o de reproches que el emperador se hacía a sí mismo, en sus horas de recogimiento, entremezcladas con citas tomadas de los moralistas griegos y latinos.

¿Cómo pueden, pues, estos pensamientos deshilvanados, a retazos, por decirlo así, escritos sin orden ni concierto y aun llegados a nosotros llenos de corrupciones, inexactitudes y lagunas, hacer la profunda impresión que, no obstante todo ello, hacen en el alma? Si ya no puede interesarnos la lógica del Pórtico, ni su física, grosera y carente de todo espíritu científico, ni su piedad, que vemos se apoya en un equívoco, aunque sus acentos aún nos conmuevan de cierto modo, ¿qué queda de la doctrina estoica que hay en el fondo de los *"Pensamientos"*, que nos gana, nos admira y nos hace ver en toda su grandeza a aquel tan desgraciado como poderoso monarca? Pues quedan dos cosas perfectamente vivas en estos retazos de libro, que son los *"Pensamientos"*: de la doctrina estoica, la moral; del autor, lo que de él mismo late aún en los restos de sus reflexiones.

De la moral admiramos su desinterés, su nobleza, la claridad de las razones sobre lo que se apoya y se fundamenta. De la moral tomamos cuanto de bueno, de excelente nos brinda para formar un alma resistente, para asegurarnos un abrigo contra la desgracia y una defensa contra las tentaciones, para estimularnos a cumplir enteramente las obligaciones que nuestra condición particular nos impone no solamente respecto a nosotros mismos, sino en lo que a los demás atañe. Del autor mismo, porque en los *"Pensamientos"* vemos claramente no una simple doctrina

---

[2] Este Frontón fue su primer maestro. Luego, y sin desdeñar las enseñanzas platónicas ni las peripatéticas, recibió lecciones de dos de los más célebres estoicos de su tiempo, Rústico y Apolonio.

enseñada, sino una doctrina vivida. Es decir, que Marco Aurelio se nos representa tal como fue, no como un filósofo cuya personalidad pasó por entre los hombres enteramente separada de su sistema, sino como un hombre encarnación viva de sus ideas: como un hombre que escribió éstas, antes que con el estilete en las tablillas, con el ejemplo de su vida a través de esta vida misma.

* * *

Pero he dicho que los *"Pensamientos"* han llegado a nosotros llenos de corrupciones, inexactitudes y lagunas. Esto es triste y exactamente cierto.

Todos los manuscritos que se conservan provienen, según opinión de Schenkl, de «un viejísimo ejemplar, enteramente en trozos», que Arethas asegura haber poseído y hecho copiar hacia el final del siglo X. En todo caso, la edición príncipe es la publicada por Xylander en Zurich el año 1559. Esta edición reproducía un manuscrito, el llamado Toxitanus por Schenkl, por haber pertenecido al poeta Michaël Toxita, quien se lo prestó al editor Xylander. Este manuscrito ha desaparecido; de modo que no hay medio de saber cosas tan interesantes como serían su origen, tiempo e historia; menos mal que Xylander unió al texto una traducción latina que permite descubrir tanto las omisiones como las inexactitudes más de bulto y gracias a la cual pudo enmendar determinadas faltas del manuscrito y legarnos una obra clara, a pesar de sus omisiones e inexactitudes.

Otro manuscrito es el conocido con el nombre de Vaticanus (Vet. G. 1950), letra A, utilizado por vez primera por el cardenal Barberine en 1675. Este manuscrito, tomado íntegramente, sirvió a Joly para su traducción francesa hecha en 1770 y editada en París en 1774, frecuentemente reeditada. El Vaticanus es del siglo XIV y contiene los doce libros de los *"Pensamientos"*, y si bien es menos completo que el Toxitanus y muchos de sus pasajes son ininteligibles, es, en cambio, mucho más fiel, pues en este último se adivina con frecuencia la mano del o de los copistas.

Estos dos manuscritos son los únicos con los que hay que contar si se trata de restablecer con probabilidades el texto de los *"Pensamientos"*, pues lo demás que se conservan no contienen sino breves fragmentos. Voy a citar los principales, que son dos: el *"Monacensis"*, del siglo XV o XVI, que contiene trece pasajes de los libros II, III, IV y VII, acompañados de una traducción latina, y el *"Darmstadtinus"*, que contiene fragmentos de los libros I a X.

Los demás manuscritos se dividen, según su contenido, en dos grupos: la clase C, que comprende siete manuscritos de los siglos XV y XVI, y la clase X, formada por veintidós, de los mismos siglos.

Esto es lo que queda de este hermoso libro que nos ha llegado tan mal compuesto, cuya lectura, como hace observar S. Reinach, hace con frecuencia pensar, no en el soberano de un gran Imperio, sino en un pobrecito fraile, de tal modo la tristeza y la humildad esmaltan sus líneas.

MARCO AURELIO

"PENSAMIENTOS"

LIBRO I [3]

1. De mi abuelo Vero: su bondad y su humor siempre invariable.

2. De la reputación y memoria dejada por el padre que me engendró: su carácter reconcentrado y agrio.

3. De mi madre: su piedad, su inclinación a dar cuanto tenía y abstenerse, no solamente de cualquier acto de maldad, sino ni tan siquiera de imaginarlo; así como su vida sencilla y su apartamiento de toda clase de lujos y vanidades.

4. De mi bisabuelo: no haber frecuentado las escuelas públicas; pero no haber desdeñado la presencia en su casa de los mejores maestros y haberlos remunerado con la esplendidez que merecían.

5. De mi preceptor: no haber sido ni Verde ni Azul, ni inclinado por los Broqueles Cortos ni por los Largos[4]; la resistencia y la frugalidad; el cuidado de no encomendar a otro el trabajo propio, de no empezar cien asuntos a la vez y de no prestar oídos a la calumnia.

6. De Diógenes: la aversión a las futilidades; la incredulidad a las patrañas y mentiras de encantadores y charlatanes de toda especie, sobre la manera de preservarse de los demonios y otras necedades semejantes; el no aficionarse a la crianza de codornices augurales ni otras manías por el estilo; el soportar las opiniones de los de más cuando eran sinceras; el haberme familiarizado con la filosofía y el haber buscado las lecciones en primer lugar de Baquio y luego de Tandasio y de Marciano; el haber aprendido a componer diálogos desde muy niño; el haberme habituado al lecho sencillo cubierto de una simple piel y, en fin, a cuantas prácticas y disciplinas son propias de la verdadera educación helénica.

7. De Rústico[5]: el haberme llegado a convencer de que me era preciso enderezar mi carácter y vigilarme muy atentamente; el no haberme aficionado a la vana sofística; el haber huido de componer tratados retóricos y engañosos discursos destinados a convencer a los. demás; el no haber intentado sorprender mediante falsos aparatos de actividad o de beneficencia; el haber renunciado a la retórica, a la poesía, al estilo refinado; el no usar la toga[6] dentro de casa y toda otra vanidad semejante; a usar en mis epístolas el estilo sencillo del que me dio buen modelo en la que escribió desde Sinuesa[7] a mi madre; a estar siempre dispuesto con respecto a quienes me hubiesen faltado y me hubiesen tratado bruscamente, a reconciliarme con ellos y a ir a su encuentro a la menor indicación que hiciesen de arrepentimiento; a leer con el mayor detenimiento y a no contentarme con

---

[3] Todo este libro primero está formado de recuerdos de sus antepasados y maestros; de ejemplos de virtud que recibió de ellos; de lo que de ellos tiene y les debe.

[4] Con estos colores y armamentos se designaban a los diversos bandos de cocheros y gladiadores del circo.

[5] Filósofo estoico, consejero y amigo de Marco Aurelio.

[6] La toga era entre los romanos el traje de ceremonia.

[7] Ciudad de Campania situada en el mar Tirreno: la vía Appia la comunicaba con Roma.

considerar las cosas de un modo insuficiente y sumario; a no dejarme convencer por esas gentes que -hablan de continuo a tontas y a locas; en fin, haber podido leer, gracias a él, pues me los presta de su biblioteca, los libros que nos conservan las lecciones de Epicteto.

8. De Apolonio: la independencia; el decidirme a obrar sin vacilaciones y sin entregarme ciegamente en manos de la suerte; el no tener otro guía que la razón en todo instante; el ser siempre dueño de sí y el mismo, aun afligido por los grandes dolores: por largas enfermedades o aun por la pérdida de un hijo; el haberme mostrado con su nobilísimo ejemplo que la mayor energía y la más grande dulzura de carácter pueden aliarse perfectamente; el haber aprendido a ser paciente como él lo era en todas sus explicaciones; el haberme enseñado con su ejemplo vivo y sencillo, pues era hombre tan modesto, que en muy poco tenía aquella habilidad y experiencia con que participaba a los demás sus doctrinas; en fin, el haberme enseñado, asimismo, cómo es preciso acoger lo que entre amigos suelen considerarse como favores, es decir, a no dejarme ganar fácilmente por ellos, si que tampoco a despreciarlos groseramente.

9. De Sexto[8]: la benevolencia y el ejemplo de una familia patriarcal; la concepción de lo que es la vida según la naturaleza enseña; la gravedad exenta de afectación; la verdadera solicitud, esa que continuamente acecha los deseos de los amigos para complacerlos; la tolerancia con los lerdos y con los que acostumbran a opinar sin haber reflexionado previamente; el arte de ponerse a tenor con todo el mundo, arte que él practicaba naturalmente, con tal perfección, que, sin adulaciones ni bajezas, encantaba a cuantos le trataban, sin que por ello dejase de inspirarles el más profundo respeto; su habilidad en descubrir con absoluta precisión el mejor modo de ordenar aquellos principios por los que es preciso regular la vida; el no haber manifestado jamás cólera ni sombra de toda otra pasión indigna; muy por el contrario, evidenciar siempre un carácter tan tranquilo como afectuoso; en fin, su habilidad para hablar discretamente y para hacer gala, sin la menor pedantería, de sus vastos conocimientos.

10. De Alejandro el gramático: no criticar a nadie; no irritarse ni mirar con desprecio a los que no hablan con la propiedad debida; muy al contrario, enseñarles dulcemente manifestando con suavidad y sin reproche la palabra verdadera, envolviéndola en una respuesta discreta o entablando una discusión en común relativa al fondo de la cuestión, no sobre la forma, para herir menos, o por cualquier otro medio de sugestión directa no menos apropiado

11 De Frontón[9]: haber observado a qué grado de envidia, de disimulo y duplicidad llegaron los tiranos, y cómo, casi siempre, esas gentes que llamamos los patricios son incapaces de verdadero afecto para los demás.

---

[8] Sexto de Queronea, estoico, sobrino de Plutarco.
[9] Frontón, el retórico, amigo tan querido de Marco Aurelio.

12. De Alejandro el Platónico: a no alegar con demasiada frecuencia ni sin necesidad, bien de palabra, bien por escrito, exceso de ocupaciones; a no eludir con demasiada persistencia los deberes que imponen las relaciones sociales pretextando estar abrumado por los trabajos.

13. De Cátulo[10]: a no despreciar las quejas de los amigos ni aun siendo infundadas; por el contrario, a tratar de sacarles de su error y de afirmar nuevamente las relaciones cordiales; a no decir sino bien de quienes nos enseñan, como hacían Domicio y Atenodoro[11], que siempre que hablaban de sus maestros lo hacían con el mayor respeto.

14. De mi hermano Severo[12]: a amar al prójimo, a todo lo verdadero y a todo lo bueno; el haber conocido gracias a él a Tresa, Helvidio, Catón, Dión y Bruto; de haber adquirido también por él una noción clara de lo que es un estado democrático, de un gobierno fundado sobre la igualdad y el común derecho de todos a exponer sus ideas; de un imperio en que sobre todas las cosas se respete la libertad de sus ciudadanos. De él aprendí también a rendir culto constante y sin desfallecimiento a la filosofía; la beneficencia y la libertad llevada al más alto grado; así como a no desconfiar del afecto que nos profesan los verdaderos amigos. Acostumbraba también a reprender a quienes tenía que hacerlo o a censurar a aquellos que a su juicio lo merecían con la mayor claridad y franqueza; de tal modo era sincero, que jamás tenían sus amigos que perderse en conjeturas sobre lo que pensaba y sobre lo que quería, que una y otra cosa eran en todo momento en él cosa evidente.

15. De Máximo[13]: el dominio de sí mismo y el no dejarse arrastrar por ninguna clase de impulsos, fueran cuales fuesen; el valor en todas las circunstancias, muy especialmente en el curso de las enfermedades; aquella dulce mezcla de dulzura y nobleza que daban tan grato sello a su carácter; aquel su ánimo generoso que le hacía cumplir sin esfuerzo cuantos trabajos se le deparaban; la confianza que sabía inspirar de que su pensamiento y su palabra eran una sola y única cosa y de que cuanto hacía era movido por la buena intención; el no asustarse ni asombrarse jamás; la falta de precipitación, de lentitud, de abatimiento, de temor, de cólera y de desconfianza; el prodigar el bien, la facilidad en el perdonar, la lealtad; el dar la idea siempre de un hombre justo y sincero, sin doblez; en fin, aquella su manera de ser que evidenciaba que a nadie miraba con menosprecio ni superioridad y su buena gracia para[14] (...).

---

[10] Cinna Cátulo, estoico.

[11] Domicio es desconocido; Atenodoro fue el maestro de Frontón.

[12] Claudio Severo, peripatético, cónsul el año 146. Su hijo se casó con Dadilla, hija segunda de Marco Aurelio.

[13] Claudio Máximo, estoico, fue cónsul gracias a Marco Aurelio, luego legado en la Panomia superior y procónsul de África.

[14] Aquí una palabra truncada, indescifrable.

16. De mi padre[15]: la mansedumbre, pero también la firmeza inquebrantable en sus decisiones una vez adoptadas tras madura reflexión; la indiferencia a esa vana gloria, compañera engañosa de los no menos engañosos honores; el amor y la perseverancia en el trabajo; la atención con que escuchaba a cuantos eran capaces de hacer algo útil al bien público; el otorgar franca e inflexiblemente a cada uno lo que le era debido por sus méritos; la habilidad en el conocer cuándo era preciso sostener un esfuerzo y cuándo detenerse; el haber renunciado a los amores de los adolescentes; la sociabilidad; el dejar en la mayor libertad a sus amigos, no exigiéndoles que se sentasen en contra de su voluntad a su mesa ni que por obligación le acompañasen en sus viajes; por el contrario, éstos siempre le encontraban el mismo cuando, obligados por la necesidad, habían tenido que separarse de él el tiempo que fuese; aquel minucioso cuidado que tomaba siempre en examinar por sí mismo los asuntos y el no abandonar jamás una averiguación una vez empezada, fiándose de las primeras apariencias; la constancia firme en conservar sus amistades sin extremos inútiles y pasajeros, pero sin cansarse de ellos tampoco; el arte de bastarse a sí mismo en todo momento sin que se alterase jamás su serenidad; su talento en prever y regular de antemano todos los detalles de los asuntos de Estado, pero sencillamente y sin la menor pompa ni teatralidad; el no consentir las aclamaciones ni alabanzas enderezadas a halagarle; la incesante vigilancia y cuidado de los intereses del imperio; la recta y económica administración de las rentas públicas y la tolerancia hacia quienes criticaban su gestión en estas cuestiones; nada de supersticiosos temores respecto a los dioses; nada de bajezas con los hombres por ganar popularidad, ni por conseguirla buscar, sin mirar los caminos, el medio de congraciarse y agradar a la plebe; al contrario, sobriedad y rectitud en todo y siempre, conducta intachable y no perder el tacto con innovaciones peligrosas. En el uso de los bienes que contribuyen a hacer amable la vida-y la Fortuna, en cuestión de riquezas, había sido con él sumamente pródiga-, el hacerlo sin vanidad ni condenables pretextos; es decir, que se limitaba a tomarlos cuando los hallaba a su disposición; pero, si le faltaban, no sentía dolorosamente su necesidad. Ponía gran cuidado en que no se le pudiera tachar de charlatán, de bromista o de pedante; al contrario, trataba, procuraba siempre, que reconocieran en él lo que en verdad era, un hombre en toda la extensión de la palabra: íntegro, insensible a las adulaciones y capaz de dirigir no solamente los asuntos propios, sino los ajenos. Por otra parte, las consideraciones que testimoniaba a los verdaderos servidores de la filoso fía eran prueba evidente de su modo de pensar y sentir; en cuanto a los demás, sin menospreciarlos, no se dejaba seducir por ellos. Era, además, cortés y amable sin exageración; moderado en el cuidado de su cuerpo, sin amor desmedido a la vida y sin caer en coqueterías ridículas, bien que no tolerase negligencia alguna en estas cuestiones. Es decir, que de tal modo sabía usar y

---

[15] Antonino, su tío por alianza y su padre adoptivo.

conservar su persona física, que casi nunca tuvo que recurrir a los médicos ni a las drogas, ora para uso interno, ora para el externo. Era también notable su modestia ante los hombres de talentos evidentes: ante los elocuentes, ante los jurisperitos, ante los afamados por su conocimiento de las costumbres o todos otros de méritos indiscutibles; es más, los ayudaba franca y decididamente con objeto de que ninguno dejase de alcanzar los honores debidos a su valer. Seguía, también, escrupulosamente las normas dignas de ser imitadas que le legaron sus antepasados, pero no ostentosamente, sino sencillamente; tampoco era semejante a esos que necesitan en todo momento bullir y manifestarse, sino que sabía permanecer disimulado mucho tiempo entregado a las mismas ocupaciones. Padecía violentísimos dolores de cabeza; pero cuando se le pasaban, inmediatamente volvía al trabajo con el mismo entusiasmo y vigor que antes. No era hombre de secretos; apenas muy de tarde en tarde, y siempre respecto a las cuestiones de Estado, manifestaba alguna discreta reserva. Su conducta era siempre moderada y razonable, bien se tratase de celebrar fiestas públicas, de construir edificios o de hacer distribuciones al pueblo y demás casos análogos, comportándose siempre como hombre que atiende a lo que es preciso hacer y no a la gloria que puede ganar haciéndolo. Jamás las cosas que tanto a otros preocupan-baños a horas indebidas, refinamientos fastuosos en la mesa, alardes inmoderados y costosos en el vestir, fastuosidad en la servidumbre- tuvieron para él importancia ni le preocuparon[16]; (…) los empleaba en visitar sus posesiones inmediatas, como la que tenía en Lanuvio; (...) entre ellos al recaudador de las rentas del Estado de Túsculo, que solía solicitárselo; y en todo obraba de modo análogo. Jamás se le vio encolerizado, violento ni enfurruñado; jamás se empeñaba en empresas que hubieran podido decir: «Trabajo le ha de costar»; al contrario, sus planes y propósitos estaban siempre tan bien calculados, tan sensata y acertadamente ordenados y dispuestos, tan perfectamente dirigidos, que hubiéramos dicho más bien recreos que obligaciones. Hubiera podido decirse de él, como de Sócrates, que sabía igualmente privarse que disfrutar de esos bienes cuya falta hace a la mayor parte de los hombres caer en la tristeza y su goce en los excesos. Su valor, en fin, su resistencia y su templanza en goces y privaciones-prueba palpable de su alma equilibrada e invencible-quedó bien patente durante la enfermedad que le ocasionó la muerte.

---

[16] Pasaje incompleto y sumamente oscuro. Su versión más acertada parece ser la siguiente: «Los ocios que le permitía la vida oficial en Lorio los empleaba en visitar sus posesiones inmediatas, como la que tenía en Lanuvio (*); durante ellas daba asueto también a la casi totalidad de sus altos dignatarios, entre ellos al recaudador de las rentas del Estado de Túsculo, que solía solicitárselo.»
Otra versión, tal vez menos exacta, pudiera ser la siguiente: «Cuando estaba en Lorio, llevaba un vestido comprado en el pueblecillo inmediato, hecho de un tejido que se fabrica en Lanuvio. Solo se ponía el manto para ir a Túsculo y hasta trataba de excusarse de hacerlo.»
(*) Antonino, originario de Lanuvio, había sido criado en Lorio (palacio situado en la vía Aurelia, a 24 kilómetros de Roma.)

17. De los dioses: haber tenido buenos abuelos, un buen padre y una buena madre, una buena hermana, buenos maestros y buenos familiares, y parientes, y amigos casi todos buenos asimismo; el no haber llegado a faltarlos, lo que, dado mi carácter, hubiera podido muy bien ocurrir en uno de esos arrebatos que las ocasiones deparan a veces; luego es un gran favor que los dioses me han otorgado el que las circunstancias no hayan motivado, para confundirme, un hecho del que luego tanto hubiera tenido que arrepentirme. No menos les debo: el no haber sido educado demasiado tiempo en casa de la concubina de mi abuelo; el haber conservado la inocencia hasta bien entrada la juventud; el no haber hecho prematuramente ningún acto de virilidad; más aún, el que transcurriese un tiempo más que suficiente para iniciarme; el haber sido subordinado a un príncipe, mi padre, que debía con sus sanos ejemplos y consejos arrancarme toda vanidad y ayudarme a comprender que se puede vivir perfectamente en la corte sin necesidad de guardias personales, de trajes fastuosos, de lampadarios[17], de estatuas y de otras cosas análogas usadas sólo para el fausto; es decir, a darme cuenta de que un príncipe puede restringir sus vanidades hasta el punto de llegar a no deparar a las de un simple particular, sin que por ello menosprecie ni humille su rango ni descuide los deberes que debe ejercitar como soberano y los derechos que debe exigir por ello mismo en nombre del Estado; el haber tenido un hermano tal que el que tuve, capaz por su carácter de moverme a que tuviese el mayor cuidado de mí mismo sin dejar por ello de encantarme por su gran afecto y consideraciones hacia mí; el no haber tenido hijos torpes ni contrahechos; el no haberme aficionado excesivamente a la retórica, a la poesía y a otros estudios que me hubieran movido a dedicarme a ellos enteramente de haber observado que hacía en ellos evidentes progresos; el haberme anticipado a los deseos de mis maestros colocándolos en las dignidades que me parecían ambicionar, sin dilatar el cumplimiento de sus deseos ni pretender que, puesto que aún eran jóvenes, más tarde podría realizar sus aspiraciones; el haber conocido a Apolonio, a Rústico y a Máximo; el haber comprendido muchas veces y con toda claridad lo que es la vida conforme a la naturaleza, de tal modo, que el que no viviese de acuerdo con ella no dependería en modo alguno de los dioses, de sus comunicaciones, inspiraciones y socorros, sino de mi propia culpa por no tener en cuenta precisamente sus advertencias, es decir, sus lecciones; la resistencia extraordinaria de mi cuerpo, no obstante mi trabajosa vida; el no haber tocado a Benedicta ni a Teodoto[18]; el haberme curado pronto y sin dolor, más tarde, cuando el amor me hizo su víctima; el no haber enconado con hechos de los que luego hubiera tenido que arrepentirme, mis enfados con Rústico; el que mi madre,

---

[17] Reunión de mechas de lámparas, cuyo efecto es multiplicar las luces. También: diácono que tenía a su cuidado el alumbramiento de la iglesia y llevaba un candelabro en alto delante de los emperadores cuando asistían a los oficios divinos. Indudablemente la acepción a que hace referencia el texto es a la primera.
[18] Desconocidos.

que estaba destinada a morir joven, pudiese pasar a mi lado sus últimos años; el que cuando se me ocurrió socorrer a un hombre necesitado o que por alguna razón necesitaba ayuda, no me faltase el medio de hacerlo; el no haber necesitado a mi vez que otro me socorriese con sus préstamos; el haberme desposado a una mujer tan obediente, amante y sencilla[19]; el no haber carecido de buenos maestros para mis hijos; el haber recibido en sueños diversos remedios para mis males, especialmente para corregir mis vértigos y los esputos sanguinolentos que con frecuencia arrojaba, como me sucedió estando en Gaeta; el no haber caído en manos de los sofistas cuando me aficioné a la filosofía, ni para pasar el tiempo en el análisis de autores y silogismos o perderle, igualmente, ocupándome de la física celeste.

Forzosamente, tanta ventura me fue concedida por los bondadosísimos dioses y por la Fortuna.

Esto lo escribo en el país de los Cuados, al borde del Gran[20].

---

[19] Faustina la joven, hija de Antonino, de la que ciertos historiadores han hablado mucho y no para bien.
[20] Los Cuados o Cuades, pueblo germánico de origen suevo. El Gran, afluente del Danubio. Marco Aurelio tuvo que contener a aquellos que se habían instalado al oeste del citado río (en la Checoslovaquia actual).

LIBRO II

1. Apenas amanezca piensa todos los días: Hoy encontraré un indiscreto, un ingrato, un insolente, un embustero, un envidioso, un egoísta. Los desgraciados que tienen estos defectos es porque no conocen los verdaderos bienes y los verdaderos males. Pero yo, que he aprendido que el bien verdadero consiste en lo que es honesto y el mal verdadero está en lo vergonzoso; yo, que conozco la naturaleza de quien comete la falta, que sé que es hermano mío, no de sangre y de carne, sino por nuestra común participación en un mismo espíritu emanado de Dios, no puedo considerarme ofendido por su parte, ya que nada de cuanto hago podría avergonzarme. En efecto, nadie podría despojar a mi alma de la honradez; es Imposible que llegue a enfadarme con un hermano y que pueda odiarle. Ambos hemos sido hechos para obrar de común acuerdo, como los pies, las manos, los párpados; como dos hileras de dientes, superior la una e inferior la otra. Obraríamos, pues, contra la naturaleza siendo enemigos; y obraríamos como tales manifestando disgusto y aversión con estos desdichados.

2. Todo lo que constituye mi ser no es más que un poco de carne con un aliento de vida y dotado de la facultad de pensar.

Abandona tus libros, suprime las distracciones, nada de eso te está permitido, y pensando que eres perecedero, desprecia esta carne, montón de sangre y de huesos, tejido de nervios, de venas y de arterias. Considera también lo que es tu respiración: aire, sólo aire, siempre distinto, arrojado continuamente y aspirado sin cesar. Sólo queda, pues, la parte principal, la que piensa. Ahora bien, habla contigo mismo: eres viejo; no tengas por más tiempo en la esclavitud a esta facultad maestra y por deseos incompatibles con el bien de la sociedad, no consientas que sea sacudida como un muñeco. No te quejes de tu suerte presente ni temas la futura.

3. Las obras de los dioses están llenas de Providencia; las de la Fortuna dependen de la naturaleza, es decir, del enlace y del encadenamiento de las causas que rige la Providencia. Esta es, pues, el origen de todo, y todo lo que ocurre es necesario por cuanto contribuye al orden perfecto de este universo, del cual formas parte. Todo lo que entra en los planes de la naturaleza y que tiende a conservarla en buen estado es bueno para cada una de sus partes integrantes; luego la buena marcha del mundo depende tanto de las múltiples variaciones de los elementos como del cambio de los seres que lo constituyen. Ten presente esto, y ¡ojalá! que estas verdades te sirvan de norma. Abandona esos libros que tan ávidamente devoras, mira que vas a maldecir la muerte algún día en vez de recibirla con alma tranquila y bendiciendo a los dioses de todo corazón.

4. Piensa cuánto tiempo ha que dejas para otro día estos cargos tan importantes y cuántas veces has desperdiciado las ocasiones que te ha ofrecido la Providencia. Es necesario, pues, que recapacites que hay un mundo, del cual formas parte, y que este universo se halla regido por un Ser supremo, cuya esencia se refleja en tu

espíritu, y que tu vida está estrechamente circunscrita al tiempo. Luego si no le aprovechas para buscar la tranquilidad de tu alma, desaparecerá contigo y ya no podrás conseguirlo.

5. A cualquier hora del día y en todas las ocasiones procura conducirte como un buen romano, como ciudadano digno de este nombre, sin afectar importancia, con amor hacia tus semejantes, con libertad y, en fin, con justicia, y procura librarte de las demás preocupaciones. Y seguramente lo conseguirás si cumples cada acto de tu vida como si fuese el último de tu existencia, es decir, sin precipitación, sin pasión alguna que te impida escuchar la razón; sin hipocresía, sin amor propio y sin indignación contra el destino. No son muchos preceptos; pero el que los observe, puede estar seguro de llevar una vida dichosa, próspera y acorde con la divinidad. Porque realmente esto es lo único que exigen los dioses.

6. Avergüénzate, ¡oh alma mía!, avergüénzate. Ya no tendrás tiempo de honrarte. La vida del hombre es corta; la tuya casi ha pasado, y no solamente no te honras todavía, sino que fundas tu felicidad en lo que pasa en el alma de los demás.

7. ¡No te dejes embargar demasiado por los incidentes exteriores! Abandona, pues, la vida febril de cuando en cuando y dedica tus momentos de ocio a instruirte en algo bueno. Procura evitar asimismo cualquier otro error. Es una locura trabajar toda la vida si nuestra imaginación y nuestros esfuerzos no tienden hacia un objeto determinado.

8. No es fácil que un hombre sea desdichado por no haber prestado atención a lo que sucedía en el alma de otro; y en cuanto a los que no han estudiado nunca loa movimientos de su propia alma, éstos tienen que ser desgraciados forzosamente.

9. He aquí las reflexiones que continuamente debes hacerte: ¿Cuál es la naturaleza del universo y cuál es la mía? ¿Qué relación existe entre ésta y aquélla? ¿Qué parte del universo soy y qué es éste? Y que nadie puede impedirte obrar y hablar de acuerdo con la naturaleza, de la cual formas parte.

10. En la comparación que hace Teofrasto[21] de los pecados, según las nociones comunes, dice, como buen filósofo, que las faltas cometidas por concupiscencia son más graves que las que origina la cólera. En efecto; el hombre dominado por la cólera experimenta evidentemente determinada angustia y una pena que le aprieta el corazón cuando brutal y ciegamente se aparta de la razón. Por el contrario, cuando se peca por concupiscencia, es decir, vencido por la voluptuosidad, se demuestra ser más cobarde y afeminado. Con razón ha dicho, pues, Teofrasto, cual filósofo digno de este nombre, que el crimen cometido con una sensación de placer es más execrable que el que se comete con un sentimiento de dolor. En una palabra, el que se encoleriza lo hace a la fuerza y casi obligado por el dolor de una ofensa que ha recibido, en tanto que el otro se rebaja voluntariamente a satisfacer su concupiscencia.

---

[21] Filósofo griego nacido en Eresos (isla de Lesbos), en 374; murió en 287 antes de J. C. Fue discípulo de Aristóteles.

11. Obra, habla y piensa siempre como si estuvieras a punto de salir de esta vida. Desaparecer de entre los hombres no es, en verdad, terrible; si existen dioses, porque éstos no serían capaces de hacerte de nuevo desgraciado; y, por el contrario, si no existen, o si no se preocupan de las cosas terrenales, ¿para qué vivir en un mundo sin dioses ni Providencia? Pero sí; hay dioses que se cuidan de las cosas humanas y que han dado al hombre todo lo que necesita para que no caiga en el mal irremediablemente. Si en todo lo demás hubiese algún mal verdadero, habríanlo previsto los dioses y nos hubieran dado los medios para garantizarnos. Pero lo que no es capaz de volver malo al hombre, ¿cómo podría hacer mala su existencia? La naturaleza que gobierna el mundo no hubiera consentido semejante desorden ni a sabiendas ni ignorándolo, sino únicamente no pudiéndolo prevenir ni remediar tanto mal. No; es inadmisible que por impotencia o incapacidad se hayan equivocado hasta el extremo de repartir indistintamente los bienes y los males entre los justos y los pecadores. Luego, la muerte y la vida, la gloria y la oscuridad, el dolor y el placer, la riqueza y la indigencia, son cosas que por naturaleza no son honestas ni deshonestas, y participan de ellas sin distinción los justos y los pecadores. Por tanto, no son ni verdaderos bienes ni verdaderos males.

12. ¡Cuán presto se desvanece todo, ¡ay!; en el mundo nuestros cuerpos y en el tiempo los recuerdos! Del mismo modo se desvanecen todos los objetos que distraen nuestros sentidos y más aún los que nos ceban con el pasto del placer, nos aterrorizan ante la idea del dolor o nos adulan nuestra vanidad. ¡Cuán frívolo, despreciable, vil, corruptible y pútrido nos parece todo eso a la luz de la razón! ¿Qué son esos hombres cuyas opiniones y sufragios dispensan la gloria? ¿Qué es la muerte? Si se la considera por sí misma, es decir, separando con el pensamiento lo que atañe la imaginación, se verá en ella únicamente la obra de la naturaleza. Luego sería harto pueril atemorizarse de un efecto natural. ¿Qué digo? No es solamente la obra de la naturaleza, sino algo sumamente útil. Lo esencial es saber qué tiene el hombre de Dios, por cuál de sus partes y cómo está dispuesta esta parte.

13. No hay nada tan digno de compasión como el hombre que va de izquierda a derecha, que escudriña, como dice el poeta, hasta las entrañas de la tierra y que procura adivinar lo que sucede en el interior de otro sin darse cuenta de que podría bastarse a su felicidad siendo constante con el genio que reside en sí mismo y consagrándole un culto sincero. Este culto consiste en preservarle de las pasiones, de la irreflexión, de toda vanidad y de impaciencia para todo aquello que proviene de los dioses y de los hombres, porque lo que proviene de los dioses es respetable, por su virtud y supremacía, y lo que proviene de los hombres lo es también y debe sernos querido, puesto que son hermanos nuestros. Algunas veces, no obstante, debemos tener cierta compasión[22] de estos últimos, por la ignorancia en que se

---

[22] Los estoicos condenaban la compasión, considerándola como una falta; pero ya en tiempo de Marco Aurelio esta doctrina la disculpaba, pues habíase hecho cada vez más humana.

hallan de los verdaderos bienes y de los verdaderos males. Este defecto es tan perdonable como la debilidad de un ciego que no puede distinguir lo blanco de lo negro.

14. Aunque vivieses tres mil años y hasta treinta mil años, no olvides jamás que nadie pierde más vida que la que tiene ni disfruta otra vida diferente de la que pierde. Así, pues, la vida más larga y la más corta resultan lo mismo. El presente es de igual duración para todos y lo que se pierde es también igual y, en definitiva, de ninguna importancia. En cambio, no podríamos perder ni el pasado ni lo venidero, porque ¿acaso se le puede arrebatar a uno lo que no tiene? Acuérdate de estas dos verdades: la una, que todo exteriormente es de idéntico aspecto, que pasa por los mismos ciclos v que es indiferente ver el mismo espectáculo durante un siglo o dos que por toda la eternidad; la otra, que el que muere muy joven pierde igual que otro que ha vivido muchos años. Ambos pierden sólo el instante presente, que es el único que poseen, puesto que no podrían perder lo que no tienen.

15. *Que todo es opinión*[23]: Evidentes son las palabras atribuídas al cínico Mónimo[24] (2); indudable también el provecho que se puede sacar de ellas si se toma únicamente lo que contienen de verdadero.

16. El alma del hombre se deshonra a sí misma: primeramente, cuando produce en la sociedad los mismos efectos que un tumor en el cuerpo humano, es decir, que se vuelve una partícula molesta en el organismo de la naturaleza. En efecto, enfadarse contra los acontecimientos es como una deserción respecto a la naturaleza, de la que forman parte las naturalezas de los demás seres que la integran. Y en segundo lugar, cuando tiene aversión por otro individuo o lo maltrata, como sucede cuando se encoleriza. También se deshonra cuando se deja vencer por el placer o el dolor; cuando emplea la hipocresía, el disimulo y el embuste en sus actos o palabras, y finalmente, cuando no dirige hacia un objeto determinado su conducta y sus esfuerzos, haciendo todo sin cuidado ni orden, siendo así que hasta las cosas más insignificantes deben conducir al mismo fin. Luego el fin de los seres racionales está en conformarse a la razón y a las leyes del universo, que es el Estado más antiguo y el mejor legislador.

17. ¿Cuál es la duración de la vida del hombre? Un punto en el espacio. ¿La sustancia? Variable. ¿Las sensaciones? Oscuras. ¿Qué es el cuerpo? Putrefacción. ¿Su alma? Un torbellino. ¿Su destino? Enigma. ¿Su reputación? Dudosa. En una palabra, todo lo que proviene de su cuerpo es como el agua de un torrente, y lo que dimana de su alma, como un sueño, como el humo. Su vida es un combate perpetuo, un destierro en suelo extranjero; su fama después de la muerte, un olvido absoluto. ¿Qué es, pues, lo único que puede guiarnos en este mundo? Una sola y única cosa: la filosofía. Esta consiste en velar por el genio que reside en nuestro interior, de suerte que no reciba ni afrenta ni heridas, que no se deje arrastrar por los

---

[23] Fragmento de Menandro.

[24] Discípulo de Diógenes y de Crates. ¿De qué palabras habla? Según Diógenes Laercio, Mónimo había escrito unas sátiras llenas de sentido común.

placeres ni por los dolores, que no haga nada a la ventura, que no emplee los embustes ni la hipocresía, que no cuente nunca con lo que otro haga o deje de hacer, que acepte todo lo que suceda o que le corresponda como procedente de su mismo origen y, en fin, que aguarde la muerte con paciencia y no viendo en ella sino la disolución de los elementos que constituyen el organismo de todo ser viviente. Si estos elementos no sufren daño alguno al transformarse perpetuamente de un estado a otro, ¿por qué ha de inspirar la muerte desconfianza y temor? Todo esto se halla regido por la naturaleza; luego no hay ningún peligro.

Esto ha sido escrito en Carnuta[25] .

---

[25] Carnunta o Carnuta, puesto militar de la Panonia, en la ribera derecha del Danubio, residencia habitual de Marco Aurelio durante la campaña de los años 170-174.

LIBRO III

1. No se debe considerar únicamente que cada día que pasa abrevia la vida y que, por consiguiente, la parte que nos resta por vivir es más corta; no, es preciso también pensar que si se llega a una edad madura (bien que en modo alguno sea más segura), no es probable que se conserve la misma claridad de reflexión para los negocios y para entregarse a un detenido estudio de las cosas divinas y humanas. Verdad es que cuando un hombre cae en la infancia no por eso deja de respirar, de nutrirse, de emitir ideas, de expresar sus deseos y de llevar a cabo tal o cual función por el estilo; pero la facultad de disponer de sí mismo, de darse cuenta exacta de todos sus deberes, de analizar sus ideas una a una, de juzgar si ha llegado la hora de poner término a sus días y, en fin, de examinar cuerdamente todas las cuestiones que lleva consigo el ejercicio de la razón, esta facultad, vuelvo a decir, se extingue en él mucho antes que las anteriores. Es preciso, pues, aprovechar el tiempo, y ello no sólo porque cada instante es un paso más que damos hacia la muerte, sino por el hecho de que antes de morir perdemos la capacidad de concebir las cosas y de prestarles la debida atención.

2. Es preciso tener en cuenta verdades como las siguientes: todo lo que resulta de las obras de la naturaleza, aun las cosas accesorias, tiene su gracia y su atractivo. Examinemos el pan, por ejemplo: al cocerse se producen algunas grietas; y estas grietas, producidas por tal causa y a disgusto sin duda del panadero, celoso de su arte, no dejan de dar al pan un aspecto agradable y de excitar el apetito de un modo especial. El higo, asimismo, se agrieta cuando ha llegado a plena madurez, y las olivas bien maduras, las que quedan en el árbol casi podridas, conservan un atractivo particular. Igualmente la inclinación de las espigas hacia la tierra, las arrugas que surcan la frente del león, la baba que cae del hocico de los jabalíes y otra multitud de cosas, consideradas aisladamente, carecen del menor encanto; y, sin embargo, como partes integrantes que son de las obras de la naturaleza, la embellecen y agregan todavía un nuevo atractivo. Así, pues, todo individuo que tenga un alma sensible y una inteligencia capaz de discernir con claridad, no verá en todo lo que existe en el mundo nada que sea desagradable a su vista desde el momento que se halla ligado de algún modo al conjunto de las cosas. Este hombre no verá con menor placer las fauces desmesuradas de las fieras que las imágenes que de ellas hacen el pintor o el estatuario. Hasta en una mujer anciana o en un viejo, su ojo experto verá la madurez, el ocaso de la vida; y sus miradas no estarán impregnadas de lascivia en la contemplación de los encantos de la juventud. Otro tanto podría decirse de una porción de casos semejantes que únicamente el hombre verdaderamente familiarizado con la naturaleza y sus obras es capaz de apreciar.

3. Hipócrates, después de haber curado a muchos enfermos, cayó a su vez enfermo y murió. Los caldeos[26], que predijeron la muerte a no pocas personas, fueron a su vez arrebatados por la ley del destino. Alejandro, Pompeyo y César,

---

[26] Astrólogos famosos.

después de arrasar poblaciones enteras y de segar la vida de millares y millares de infantes y jinetes en los campos de batalla, abandonaron asimismo este mundo. Heráclito murió con el cuerpo lleno de agua y embadurnado de boñiga, a pesar de sus sabias disertaciones como físico acerca del destino final del universo. Demócrito pereció cubierto de miseria[27] y a Sócrates otra miseria aún peor le acarreó la muerte. ¿Qué se deduce de esto? Te embarcaste, has navegado y llegaste hasta el final del viaje, pues sal del barco: si es para otra vida, todo en ella estará lleno de la divinidad, los dioses están allí; si, por el contrario, es para entrar en el reino de la insensibilidad, dejarás de estar expuesto a los dolores y a los placeres y de hallarte ligado a ese cuerpo, que no es ni siquiera el limo del ser que encierra y a quien obedece: porque este es un espíritu, una divinidad, mientras que lo demás sólo es una mezcla vil de sangre impura y polvo.

4. El corto espacio de tiempo que te queda por vivir no lo malgastes en pensar en los asuntos de otro, al menos que éstos no sean un bien para la sociedad. No podrás ocuparte de lo que otro hace y por qué lo hace, de lo que dice o piensa, de las intrigas que trama o de otra cosa cualquiera por el estilo, so pena de faltar a alguno de tus deberes. Obrando de este modo, irías contra tu conciencia y te alejarías del estudio de esta parte de tu ser que ha sido hecha para dirigirte. Es preciso excluir del orden de nuestros pensamientos todo aquello que pueda tener un objeto frívolo y vano, y con mayor motivo lo que sólo sea efecto de la inquieta curiosidad o de una maldad habitual. Acostúmbrate, pues, a pensar tan noble y rectamente que si de súbito te hicieran esta pregunta: «¿En qué piensas?», pudieras contestar inmediatamente y con toda franqueza: «Pienso en esto o en aquello», y de tal suerte, que por tu respuesta se viera en seguida que tu alma está llena de sencillez de bondad, que es digna de un ser destinado a vivir con sus semejantes, de un ser indiferente a los placeres y, en general, a todo lo que halaga los sentidos, exento de odio, de envidia, de rastrera desconfianza y, en fin, de todas aquellas pasiones que te sonrojarían de vergüenza si tuvieras que confesar que existían en el fondo de tu corazón. El hombre que es de esta manera, que en todo momento se esfuerza en rivalizar con los más virtuosos, puede ser considerado como un sacerdote o un ministro de los dioses; puesto que se consagra al culto del ser que reside en su corazón, de ese dios que le preserva de las mancillas de la voluptuosidad, de las heridas del dolor y de los ataques de la injuria, que le vuelve insensible a la maldad de otro, que hace de él un atleta en el más noble de los combates, que le pone al abrigo de todas las pasiones, le concede un temperamento de justicia, le permite acoger benévolamente los acontecimientos y conformarse con todo aquello que el destino le depara, sin preocuparse nunca de lo que otro dice o piensa, no siendo esto de absoluta necesidad al interés público. Un hombre así sólo se ocupa de lo que

---

[27] Heráclito murió de hidropesía; con el pretexto de curarle, los médicos le expusieron al sol en un estercolero. Según Diógenes Laercio, Demócrito murió de vejez, y ningún autor, excepto Marco Aurelio, atribuye a la miseria la causa de su muerte.

debe hacer por sí mismo y no pierde nunca de vista la parte que le ha correspondido en este mundo; continúa siendo honrado en todos sus actos, y convencido de que su parte es buena, puesto que la suerte que le ha tocado a cada individuo está en relación con sus intereses particulares y con el orden universal. No olvida, sin embargo, que todo ser racional es de su misma familia y que el hombre, por naturaleza, se halla inclinado a interesarse por sus semejantes. Desde luego, no debe buscar indistintamente la estima de todos los hombres, sino de aquellos que viven conforme a su naturaleza. En cuanto a los demás, es decir, los que viven de otro modo, no olvida en ningún momento su manera de vivir, en casa y fuera de ella, por la noche y durante el día, lo que son y las compañías que frecuentan. En resumen: no hace el menor caso de la estima de semejantes individuos, ya que empiezan ellos por no estimarse a sí mismos.

5. No hagas nada de mala gana, ni que sea perjudicial a la sociedad, ni sin maduro examen, ni por espíritu de contradicción. No adornes superfluamente tus pensamientos. Procura hablar poco y no emprendas a la vez muchos negocios. Además, que el dios que llevas contigo reine en un ser verdaderamente hombre, digno de respeto y cuidadoso del bien de sus conciudadanos, sea un simple romano, ora el propio emperador, de un hombre tan en orden con lo suyo propio que su actitud siempre sea la del soldado que se halla dispuesto a abandonar esta vida a la primera señal, sin necesidad de fórmulas, de juramento ni de testimonio de nadie. Conserva, además, siempre la misma serenidad; procura no llamar en tu ayuda al vecino y no cuentes nunca con obtener la tranquilidad de espíritu fiándote en otro. En una palabra: hay que ser recto, pero no enderezado.

6. Si encuentras algo en la vida humana que valga más que la justicia, la verdad, la templanza, el valor o, mejor aún, más que la virtud de un alma que se basta a sí misma en las circunstancias en que está permitido obrar según la recta razón y que se confía al destino en todo aquello que no depende de ella; si acaso encuentras algo preferible, vuelvo a decir, dirige hacia este objeto todas las potencias de tu alma y entra en posesión de tan precioso hallazgo. Pero si, por el contrario, no ves nada más excelente que el genio divino que reside en tu interior, que ordena tus propios deseos, que examina el fondo de tus pensamientos, que huye lejos de los ataques de los sentidos, como decía Sócrates, que se somete por sí mismo a los dioses y que ama a los hombres; si todo lo demás te parece vil e insignificante en comparación de este genio, deséchalo, no sea que te impida conceder toda tu estima y desvelos a ese bien particular de los seres de tu especie y el único que verdaderamente te pertenece. Este bien, privilegio de la razón y principio de las virtudes sociales, no puede sustituirse ni aun inocentemente con otro cualquiera, tal como las alabanzas de la multitud, las dignidades; las riquezas o la voluptuosidad. Todas estas cosas pueden parecer algunas veces convenirnos y hasta estar de acuerdo con nuestra naturaleza; pero éste es precisamente su gran peligro, pues a la menor tolerancia se sobreponen a la virtud y nos arrasan a la perdición. Elige, pues, con franqueza y como hombre libre el bien superior, y una vez elegido, ¡cuidado con soltar prenda! «Pero lo mejor -dirás tú- es lo útil.» Perfectamente; y si esta utilidad está de acuerdo con tu condición

de ser razonable y espiritual, no la desdeñes. Pero ¿y si sólo te es útil en cuanto ser animal? Discierne tú mismo este punto antes de decidirte y conserva sin vanidad tu decisión para que te sirva de base sólida en tus exámenes íntimos.

7. Guárdate muy bien de considerar como de un interés capital todo aquello que pueda obligarte algún día a violar la fe jurada, a carecer de pudor, a odiar a alguien, sospecharle o maldecirle, a obrar con disimulo o a desear alguna cosa que solo pueda hacerse detrás de una pared o a través de un tupido velo. El hombre que ante todo se ocupa de su alma, de ese genio divino que le ilumina y al cual rinde el justo homenaje debido a su poder, no representa seguramente un papel ridículo ni lanza estériles exclamaciones. Que se encuentre en el más completo aislamiento o rodeado de una corte numerosa, ¿qué puede importarle? Y dichosamente vivirá sin buscar ávidamente nada, pero también sin huir las cosas. ¿Permanecerá, acaso, su alma corto o largo tiempo en la envoltura carnal? Esta pregunta apenas si le interesa. ¿Qué es preciso dejarla al instante? Pues partirá tan libre y tranquilo, cual si se tratase de cumplir otra función cualquiera que pudiera llevarse a cabo con decencia y dignidad. La única cosa por que velará muy especialmente en el transcurso de su vida será por impedir que su alma se aparte de los deberes de un ser dotado de razón y nacido para vivir en sociedad.

8. En el espíritu del hombre que ha sabido corregirse y purificarse rigurosamente no podrás nunca descubrir ninguna huella de corrupción, la menor tacha ni la más leve cicatriz. No se verá jamás sorprendido por la muerte antes de haber terminado por completo su vida, como el actor que no abandona la escena antes de acabar su papel y dar fin a la tragedia. Tampoco verás en él ni rastrería, ni afectación, ni violencia, ni despropósito, ni sujeción alguna, ni incomprensibles misterios.

9. Que tu entendimiento, que juzga todo, te inspire una especie de culto. El punto esencial estriba en no admitir ninguna opinión contraria al orden general del mundo o a la naturaleza de un ser racional. Esta prescribe la ausencia de precipitación en nuestro raciocinio, el amor a la humanidad, la obediencia a los dioses.

10. Ten presente, pues, estas prescripciones y deja a un lado todo lo demás. No olvides tampoco que la vida se limita para cada uno de nosotros al tiempo presente, que sólo es un fugaz intervalo; el resto de la existencia no existe, es incierto. Por consiguiente, la vida de todo ser no representa casi nada; el lugar donde transcurre no es más que un rincón insignificante de la Tierra y la reputación más duradera que uno deja tras de sí apenas si vale algo, pues se transmite mediante una sucesión a individuos insignificantes que, a su vez, deben ser presa de la muerte, que no se conocen a ellos mismos y que, como es natural, conocen mucho menos todavía al que murió hace mucho tiempo.

11. A todas estas reglas saludables hay que agregar todavía otra, y es la de hacer siempre la definición o el examen del asunto que venga al pensamiento, con objeto de ver clara y distintamente lo que es en sustancia, considerado en un todo y en sus

partes separadas, y poder decirse a sí mismo su verdadero nombre, así como el nombre de las partes que lo componen y en las que debe resolverse. Porque no hay nada que pueda educar y engrandecer tan bien el alma como el analizar con método y precisión todo aquello con que se tropieza en la vida y como el examinar siempre todos los objetos de tal modo que se pueda conocer inmediatamente a qué orden de cosas pertenece, cuál es su utilidad, qué importancia tiene en el Universo y con relación al hombre, verdadero ciudadano de esta urbe celeste en la cual las demás ciudades, por decirlo así, sólo representan las casas. Es preciso, además, saber qué es cada objeto, qué elementos lo componen, cuánto tiempo debe durar, qué virtudes ha de poner en practica con este motivo: si la dulzura, si la firmeza, si la sinceridad, si la buena fe, la resignación, la frugalidad o cuál otra. He aquí por qué ante cualquier acontecimiento es preciso decir: esto me viene de Dios; eso otro es una consecuencia necesaria del sistema general, de la relación y concordancia de todas las cosas, cuyo resultado es esta coincidencia fortuita; aquello proviene de mi conciudadano, de mi pariente, del compañero que desgraciadamente ignora lo que le prescribe nuestra naturaleza; pero yo, que no lo ignoro, le trataré con benevolencia y justicia, según la ley natural de la sociedad humana. No obstante, y aun cuando se trate de cosas indiferentes, me aplicaré por mi parte a evaluar cada una de ellas en su justo precio.

12. Si cumples tu cometido en el presente según la recta razón, con cuidado, persistencia, alegría y serenidad, sin distraerte en nada extraño; si conservas constantemente puro el genio divino que te anima, como si tuvieras que restituirlo en cualquier instante; si unes a estas excelencias el no verte atormentado por el deseo o por el temor; si te limitas a hacer lo que haces conforme a la naturaleza de tu ser y decir sencillamente la verdad en todos tus discursos y en todas tus palabras, vivirás feliz. Y ciertamente que nadie puede impedirte el que te conduzcas de este modo.

13. Así como los médicos tienen siempre a su alcance los aparatos e instrumentos ya preparados para servirse de ellos en caso de operaciones imprevistas, procura asimismo estar animado de los principios necesarios que te den a conocer tus deberes para con los dioses y para con los hombres, con objeto de que no pierdas de vista, aun en el asunto más insignificante, el encadenamiento estrecho que existe entre estas dos clases de deberes; pues ten presente que no podrás cumplir bien tu cometido en las cosas humanas si no consideras la conexión que guardan con las divinas, y recíprocamente.

14. No te abandones más, porque no tendrías luego tiempo de repasar tus recuerdos, ni la historia antigua de los romanos y de los griegos, ni los trozos escogidos que has guardado para cuando llegues a viejo. Apresúrate, pues, a ir derecho al fin que te propones; desecha las esperanzas frívolas y procura ayudarte a ti mismo antes de que se haga tarde, si tienes a pecho tus intereses.

15. El vulgo no conoce el verdadero alcance de estas palabras: sustraer (el tiempo a las obligaciones debidas), sembrar, comprar, vivir en paz y ver lo que se

debe hacer; porque estas cosas no se ofrecen a la simple vista propiamente dicha, sino que requieren el sentido del más refinado discernimiento.

16. Cuerpo, alma sensitiva, inteligencia. Al cuerpo, sensaciones; al alma sensitiva, pasiones; a la inteligencia, principios. Tener la imaginación impresionada puede suceder aún a las bestias. Verse agitado, cual un muñeco, por las pasiones, les sucede a las fieras, a los hombres que sólo tienen de tal el nombre, a un Falaris y a un Nerón. Saber comportarse exteriormente con buenos modales, los ateos no lo ignoran; lo mismo que los traidores a la patria y los que hacen lo que les parece a puertas cerradas. Luego si todas estas propiedades son comunes a los diferentes seres que acabo de citar, la única virtud que le queda al hombre de bien como propia es la de aceptar y conformarse con todo lo que le sucede por estar urdido, por decirlo así, con la trama de sus días; no ultrajar nunca al genio divino que reside en su corazón; impedir que sea atormentado por las múltiples quimeras de la imaginación y, en fin, conservar su beneplácito rindiéndole modesto homenaje como a un dios, sin decir jamás ninguna palabra que no sea verdad ni hacer nunca nada que no sea justo. Y aunque muchos no se hallen persuadidos de la sencillez, de la modestia y de la tranquilidad de su vida, no por eso se indigna con ellos ni se aparta del camino que conduce al término de la vida, al cual la de llegar íntegro, tranquilo, libre y voluntariamente sometido a la ley de su destino.

LIBRO IV

1. Cuando el genio que mora en nuestro interior ordena y manda de acuerdo con la naturaleza, toma frente a los acontecimientos una actitud tal que pueda en todo momento y según las circunstancias modificarla sin esfuerzo ni pesar. No tiene preferencia por una materia determinada, y si adopta un sistema sólo es bajo condición. Cuando tropieza con algún obstáculo hace de éste un motivo de ejercicio, y, cual el fuego, se apodera de todo lo que encuentra a su paso. Que la luz de un farol se apagaría, pero una hoguera consume todo lo que se le echa y las llamas son cada vez más gigantescas.

2. No hagas nada sin reflexión ni fuera de las reglas que determina el arte.

3. Para descansar se buscan las apacibles soledades del campo, las orillas del mar o las serenas montañas. Tú también deseas esto ardientemente y con frecuencia. Y, sin embargo, todo esto no es sino prueba de vulgaridad de espíritu, ya que en cualquier momento que elijamos podemos buscar un retiro incomparable dentro de nosotros mismos. En ninguna parte, en efecto, puede hallar el hombre un retiro tan apacible y tranquilo como en la intimidad de su alma; sobre todo si posee esos dones preciosos que por sí solos constituyen la libertad del alma, y entendiendo por libertad del alma el estado de un alma en que todo está perfectamente ordenado. Goza, pues, sin cesar de esta soledad y recobra en ella nuevas fuerzas. También encontrarás máximas breves y fundamentales que cuando se presenten a tu memoria disiparán en seguida tus inquietudes y te darán ánimos para soportar sin indignación y contrarrestar todo lo que te salga al paso. En consecuencia, ¿de qué te indignas? ¿De la maldad de los hombres, acaso? Tranquilízate, pues, y ten presente que todos los seres racionales han sido creados para soportarse los unos a los otros, que esta paciencia forma parte de la justicia y que sus faltas son involuntarias. Recuerda también que los que pasaron su vida en enemistades, sospechas, odios y querellas hoy están en la tumba reducidos a cenizas. Esto te ayudará a adquirir la necesaria calma.

Pero ¿es que, quizá, te hallas descontento con la parte que te ha correspondido en la repartición de los destinos? Si es así, ten en cuenta que el mundo o es la obra de una Providencia o una reunión fortuita de átomos, y en esta alternativa se te ha demostrado claramente que es como una verdadera ciudad.

¿Te ves importunado, en todo caso, por las sensaciones del cuerpo? Piensa que nuestro entendimiento no toma parte alguna en las impresiones agradables o displicentes que el alma sensitiva experimenta, acaso porque, encerrado dentro de sí mismo, sólo reconoce sus propias fuerzas. Recuerda también todo lo que te han enseñado acerca del placer y del dolor, y no olvides el asentimiento que has dado a esta doctrina.

¿Será que te atormente, si no, el deseo de la vanagloria? Si es así, considera la rapidez con que cae en el olvido todo lo de este mundo, el inmenso abismo de la eternidad que te ha precedido y que te seguirá, la vanidad de las glorias humanas, la inestabilidad de las cosas, el favor variable del vulgo, su carencia de discernimiento y, en fin, el estrecho espacio en que se halla circunscrita la fama. La tierra por sí sola no es más que un punto en el espacio y un rincón habitado insignificante; ahora bien: ¿por cuántos y por qué clase de individuos serás celebrado en este mísero rincón?

Para terminar, acuérdate, pues, de buscar un retiro en el dominio de tu corazón, y, sobre todo, no te desanimes; huye de la obstinación inconsiderada y. permanece libre. Considera todas las cosas con una firmeza varonil, como hombre, como ciudadano, como un ser destinado a morir. Y cuando examines interiormente tus principios morales, observa, en primer lugar, que los objetos que no se relacionan con el alma permanecen inmóviles, y que sus perturbaciones provienen sólo de la opinión que se ha formado dentro de sí misma, y en segundo lugar, que todo lo que ves ahora ha de cambiar de un momento a otro y será reducido más tarde a la nada. ¡No lo olvides nunca! El mundo no es más que una transformación, y la vida, una opinión.

4. Si la inteligencia nos es común a todos, la razón por la cual somos criaturas racionales nos es igualmente común; en consecuencia, una misma razón nos prescribe lo que se debe hacer o evitar. Esto admitido, una ley común nos gobierna; somos ciudadanos que vivimos sometidos a un cuerpo político común; luego el mundo entero no es más que una gran ciudad. En efecto, ¿de qué otro cuerpo político común podríamos decir que forma parte el género humano? La inteligencia, la razón, la ley, si no nos vienen de ahí, de esta alta comunidad social, ¿de dónde proceden entonces? Porque lo que hay en mí de terrestre me viene de alguna tierra; lo que tengo de líquido dimana de otro elemento, y hasta el aire, el calor y el fuego que tengo en el interior provienen de orígenes que le son particulares, puesto que no hay nada que no provenga de algo ni que no vuelva a la nada; luego mi inteligencia tiene que venir de alguna parte.

5. La muerte es un misterio de la naturaleza, como el nacimiento; otra combinación de los mismos elementos que si se disuelven es para formar seres nuevos. Por consiguiente, no puede humillarnos; no tiene nada que repugne a la esencia de un ser inteligente ni al plan de su formación.

6. Tales cosas, siendo como son quienes las producen, se originan fatalmente, necesariamente. Querer que no sea así es lo mismo que pretender que una higuera no destile un jugo lechoso. Mientras tanto, acuérdate de esto: tú, como él, moriréis dentro de muy poco tiempo, y vuestro nombre caerá pronto en el olvido.

7. Suprime la opinión y suprimirás el «se me ha herido». Suprime «se me ha herido» y suprimirás el daño.

8. Lo que no empeora al hombre tampoco empeora su vida ni le perjudica interior o exteriormente.

9. Forzosamente, la naturaleza de lo útil ha de producir utilidad.

10. Todo lo que sucede en el mundo se halla dentro del orden natural, como lo reconocerás si eres buen observador; y no solamente por lo que se refiere al orden

de acontecimientos, sino también en lo tocante a las reglas de la justicia, cual si fuera enviado por alguien que distribuye las cosas según el mérito. Continúa, pues, cumpliendo como lo has hecho hasta aquí, y todo lo que hagas en adelante hazlo con la sola intención de hacerte hombre de bien, y digo hombre de bien en la verdadera acepción de esta palabra... Que todas tus acciones vayan guiadas siempre en este sentido.

11. No te asocies a las opiniones que los insolentes juzgan verdaderas o que quieren hacer juzgar como verdaderas, sino que debes examinar las cosas en sí mismas y por lo que son en realidad.

12. Hay que tener continuamente presentes estas dos reglas de conducta: la primera, hacer sólo lo que sugiera la razón que reina y hace las leyes en el corazón de los hombres para mayor dicha suya, y la segunda, cambiar de parecer cuando alguno nos disuade o nos aleja de tal o cual idea preconcebida; pero siempre que este cambio vaya determinado por un motivo plausible de justicia de interés público u otra causa semejante, y de ningún modo por la satisfacción o por la pura vanagloria que pudiera procurarnos.

13. -¿Estás dotado de razón? -Sí. -¿Por qué, pues, no te sirves de ella? Si funciona como debe funcionar, ¿para qué quieres más?

14. Tu existencia forma parte de un todo, y será arrebatada por el que la ha producido o, mejor dicho, será recibida por una transformación en el seno de este sabio creador.

15. Varios granos de incienso destinados a quemar han sido esparcidos en el mismo altar. Unos han caído más pronto, otros más tarde; ¿qué les importa?

16. Antes de diez días pasarás por un dios a los ojos de los que te consideran hoy como una fiera o como un mono si vuelves otra vez a tus máximas y al culto de la razón.

17. No hagas como si tuvieras que vivir diez mil años. Lo inevitable pende siempre sobre ti. Luego, mientras vivas, procura en lo posible hacerte hombre de bien.

18. ¡Cuánto tiempo se gana no preocupándose de lo que el prójimo dice, hace o piensa y cuidándose únicamente de los propios negocios, de modo que estén de acuerdo con las leyes divinas y humanas y sean dignos de un hombre honrado! No hay que mirar a nuestro alrededor los vicios de los demás, sino que se debe correr en línea recta sin volver la vista ni a un lado ni a otro[28].

19. El que se preocupa de su fama póstuma no piensa que todos los que se podrán acordar de él morirán también, a su vez, y que lo mismo sucederá a los que vengan después, hasta que toda esta fama se desvanezca de igual modo al cabo de algunas generaciones. Figúrate, no obstante, que los que se acuerdan de ti sean inmortales y que tu memoria sea imperecedera como ellos, ¿ganarás algo por eso? No quiero decir únicamente que no ganes nada después de la muerte; durante tu propia vida, ¿de qué te servirá la fama si no es para ayudarte a prosperar?

---

[28] Pasaje posiblemente alterado.

Entretanto, no desperdicies la ocasión de cultivar en ti los dones de la naturaleza por ocuparte exclusivamente de lo que podrán decir los demás a cuenta de ti.

20. En todo caso, lo bueno, en cualquier cosa, es bello por sí mismo, puesto que es único y no se halla mezclado con la menor partícula de alabanza. De modo que una cosa, por alabada que sea, no llega a ser ni mejor ni peor; y digo lo mismo de todo lo que se llama comúnmente bello en las producciones materiales de la naturaleza y del arte. ¿Acaso falta algo a lo que es bueno por esencia? Lo mismo sucede en lo que respecta a las leyes, a la verdad, a la benevolencia o a la modestia. ¿Pueden embellecerse estas virtudes con las alabanzas o estropearse con la crítica? Por ventura, ¿pierde algo de su belleza la esmeralda por no ser elogiada? ¿Y qué diremos, pues, del oro, del marfil, de la púrpura, de una lira, de una espada, de una flor o de un árbol?

21. Si las almas continúan subsistiendo, ¿cómo desde el comienzo de los tiempos puede contenerlas el aire? Y la tierra, ¿cómo puede contener todos los cuerpos que en ella han sido sepultados desde hace tantos siglos? Es que así como los cuerpos se transforman y se disuelven después de haber permanecido algún tiempo enterrados para dejar el espacio libre a los demás muertos, de igual modo las almas se transforman, se disipan y se inflaman, al cabo de una estancia en el aire, para ingresar en el seno fecundo de la suprema sabiduría que gobierna el Universo y dejar también libre el espacio a las que vengan detrás de ellas. He aquí lo que se puede responder, dado que las almas sobrevivan. Y no hay que pensar únicamente en la multitud de cuerpos sepultados de este modo en la tierra, sino también en el número de animales que son devorados todos los días por nosotros y por otros animales; porque, bien calculado, ¿cuántos no perecen, por decirlo así, en las entrañas de los que con ellos se alimentan? Sin embargo, todos van a parar al mismo sitio, porque dentro del cuerpo se transforman en sangre, en vapor, en aire y en calor.

¿De qué medio valerse, pues, para conocer la verdad? Analizando los objetos en su materia y en sus principios esenciales.

22. Huye de la irresolución; en todas tus empresas confórmate con lo que es justo y en todos tus pensamientos detente sólo en lo que has concebido claramente.

23. ¡Oh Universo! Todas tus obras me complacen. Todo lo que llega a tiempo para ti no puede ser para mí ni prematuro ni tardío. ¡Oh Naturaleza! Lo que me traen tus estaciones es para mí siempre sazonado fruto. Todo proviene de ti, todo reside en ti, todo vuelve a ti. ¡*Oh ciudad de Cecrope*[29], *ciudad querida*!, ha dicho uno. Y tú ¿acaso no podrás decir: «¡Oh ciudad de Zeus, ciudad querida!»?

24. *No hagas muchas cosas* -dicen- *si quieres vivir tranquilo*[30]. ¿No sería mejor decir: haz lo que es necesario, lo que la razón de un ser sociable por naturaleza exige y como exige que sea hecho? Este es el medio más seguro que podemos emplear para gozar

---

[29] ¿Se trata de un fragmento de Aristófanes?
[30] Máxima de Demócrito.

de la tranquilidad, y no solamente de la que nos pueda procurar el cumplimiento de nuestros deberes, sino también de la que se disfruta haciendo pocas cosas a la vez. En efecto; la mayor parte de nuestras palabras y de nuestras acciones son inútiles; luego suprimiéndolas tendremos más tiempo libre y menos tráfago. Es necesario, pues, repetirse a cada instante: «Esto, ¿puede serme acaso de alguna utilidad?» Y no sólo debemos evitarnos las acciones, sino también los pensamientos que no son necesarios. De esta manera, las acciones que ellos arrastran no llegarían a tener realidad.

25. Procura ver si te da buen resultado la vida siendo hombre de bien, es decir, aceptando con resignación la parte que te ha concedido en este mundo el destino, conduciéndote en él con justicia y poseyendo en tu corazón una benevolencia inagotable.

26. ¿Has visto aquello? Pues ve también esto. No te turbes por nada; escudriña lo más profundo de tu corazón y lee únicamente lo que te dicta. ¿Que alguien ha caído en falta? La culpa es para él solo. ¿Que te ha sucedido algo? Perfectamente. Todo lo que te sucede se relaciona con el orden general del Universo; está determinado desde su origen, se halla urdido en la trama de tu existencia. Es indudable que la vida es corta. Procura, pues, aprovechar lo que se presenta, inspirándote en la razón y en la justicia. Y si interrumpes tu labor, que sea brevemente.

27. O el mundo está bien ordenado o sólo es un conjunto de materias que han amontonado sin orden. Pero ¿cómo puede ser que en ti exista un orden y que en el universo reine el desorden sobre todo cuando los elementos todos están tan bien combinados, fundidos conjuntamente y solidarizados?

28. Hay caracteres sombríos, caracteres afeminados, tercos, feroces, brutales, jocosos, cobardes, fingidos, bufones, trapaceros y tiránicos.

29. Tan extraño es uno en el mundo ignorando lo que hay como desconociendo lo que en él se hace. Es desertor el que procura esquivar las leyes de la sociedad; ciego, el que tiene cerrados los ojos de la inteligencia; pobre, el que necesita de otro y no posee en sí mismo lo que contribuye al bienestar de la vida; tumor del género humano, el que se subleva y se niega a las condiciones de nuestra común naturaleza, maldiciendo los accidentes que le ocurren, porque la que los produce es la que le ha dado el ser, y, en fin, es un miembro amputado de la ciudad el que separa su alma de la de los demás seres racionales, porque en el mundo hay una sola y única razón.

30. Este filósofo no tiene túnica; aquél no posee ningún libro. Otro, medio desnudo, «Me falta pan-dice-, pero sigo fiel a la razón.» «Y yo, aunque no dispongo de los recursos que procuran los estudios, la soy también fiel[31]».

31. Conserva el arte modesto que has aprendido, busca en él tu reposo, y puesto que has dejado voluntariamente tu destino al cuidado de los dioses, vive en paz el resto de tus días; no seas el tirano ni el esclavo de nadie.

---

[31] Aludiendo a los filósofos pobres, y quizás a Cleanto, que escribía en ladrillos y en conchas las notas que tomaba escuchando las lecciones de Zenón.

32. Considera, por ejemplo, los tiempos de Vespasiano, y verás en ellos lo mismo que ves hoy: individuos, que se casan, que educan hijos, que caen enfermos, que mueren, que guerrean y que celebran fiestas. Verás también comerciantes, labradores y viles cortesanos; caracteres arrogantes, desconfiados, conspiradores, personas que desean la muerte de alguien, que se lamentan del estado de las cosas, que se preocupan de vanos amores, que amontonan tesoros, que aspiran al consulado y a la realeza. Pues bien: ¡toda esta generación de gentes ha desaparecido! Pasa ahora a los tiempos de Trajano: el espectáculo será semejante. Esta generación se ha desvanecido de igual modo. Considera igualmente las demás épocas de la historia, escudriña los anales de todas las naciones, y verás cuántos hombres, después de haberse atormentado durante la vida han dejado de existir y se han disuelto en sus propios elementos. Recuerda, sobre todo, los que has conocido tú mismo, preocupándose activamente de frivolidades, sin hacer caso de lo que exigía su condición ni contentarse con su suerte. Es preciso también que tengas presente que para cada cosa debes poner un cuidado relativo a su importancia; y de este modo no lamentarás nunca el haber consagrado un tiempo precioso a lo que no lo mereciese.

33. Las palabras que en otros tiempos estaban en boga han caído hoy en desuso. Lo mismo sucede con los nombres de los personajes célebres de otras épocas; Camilo, Cesón, Voleso, Leonato y otros muchos han sido, relegados al olvido; más tarde lo serán Escipión y Catón, y la misma suerte correrán luego Adriano y Antonino. Todo desaparece y queda reducido a fábula, hasta que se pierde por completo su memoria. Y debo advertir que me refiero únicamente a los nombres de los personajes más extraordinarios e ilustres; porque respecto a los demás, en cuanto han exhalado el postrer suspiro, *caen de una vez en la ignorancia y ya no se había más de ellos*[32]. Luego, ¿qué es en suma la fama imperecedera? Pura vanidad. ¿Qué debemos, pues, ambicionar y a qué dedicar todos nuestros cuidados? A esto únicamente: a tener pensamientos justos, acciones útiles a la sociedad, un lenguaje sinceramente riguroso y una resignación absoluta en todos los accidentes de la vida, considerándolos como necesarios y familiares, puesto que provienen del mismo principio y del mismo origen que nosotros.

34. Abandónate voluntariamente a Cloto[33] y déjale urdir tu destino a su gusto.

35. Todo es efímero y lo que rememora un recuerdo pronto es ello mismo rememorado.

36. Considera sin descanso que todos los acontecimientos son únicamente el resultado de una transformación y acostúmbrate a la idea de que la Naturaleza universal se complace en cambiar las cosas existentes para hacer de nuevo otras

---

[32] Homero, Odisea, 1, 242.

[33] La mayor de las Parcas; la que tenía entre sus dedos el hilo de los destinos humanos. (Hay otras dos Parcas; Láqueris y Átropo. Consultar: Platón, *La República*, 617 c. *Nota del Editor).*

semejantes. Todo lo que existe es, por decirlo así, la semilla de lo venidero. Pero tú crees que la única semilla es la que fecunda la tierra o el seno de una madre, y eso es harto pueril.

37. Vas a morir sin tardanza y no posees todavía ni sencillez de alma ni quietud perfecta; aun temes algún acontecimiento extraño, y no guardas una benevolencia completa para con tus semejantes, como tampoco fundas únicamente la sabiduría en la práctica de la justicia.

38. Examina detenidamente a qué móviles obedecen los hombres sabios; observa lo que evitan y lo que buscan.

39. Tu mal no puede provenir del espíritu de otro ni de ninguna modificación o alteración de la materia que envuelve el tuyo. ¿Dónde está, pues? En la parte de tu ser que juzga los males. Que no se pronuncie por ninguno, y todo va bien. Aunque el cuerpo que se halla tan próximo a esta parte estuviese dividido, quemado, podrido o ulcerado, que permanezca tranquilo; o, más bien, que juzgue que lo que puede suceder igualmente al hombre perverso y al hombre honrado no es ni un mal ni un bien. Porque bien considerado, lo que sucede al que vive en oposición con la Naturaleza, como al que vive de acuerdo con ella, no está ni en pro ni en contra suya.

40. Represéntate siempre el mundo como un solo ser, compuesto de una sustancia única y de un alma común. Considera cómo todo lo que en él sucede se relaciona con un solo principio, cómo se halla todo en movimiento por la misma impulsión y cómo todas sus producciones son el resultado de varias causas reunidas. Admira, pues, su relación y su encadenamiento.

41. *Tú no eres más que un alma ínfima que sostiene un cadáver*, como ha dicho Epicteto.

42. El transformarse no es un mal para los seres, como tampoco es un bien para ellos el efecto de la transformación.

43. El tiempo es como un río, cuya rápida corriente arrastra todo lo que lleva consigo. Tan pronto como hay una cosa nueva es arrastrada, como a su vez lo serán todas las que vengan después.

44. Todo lo que sucede es tan natural y tan poco sorprendente como las flores en la primavera y el fruto maduro en el otoño; así, pues, la enfermedad, la muerte, la calumnia, las conspiraciones, en una palabra, lo que puede causar alegría o pesar a los insensatos, no tiene nada de extraordinario.

45. Los hechos consecuentes tienen siempre con los precedentes determinada afinidad. No son como una continuación de nombres cuyo valor fuese necesariamente respectivo e independiente; es un encadenamiento lógico, y de igual modo que todos los seres han sido clasificados por orden para formar un conjunto armonioso, asimismo los que nacen después no presentan una simple relación, sino una afinidad admirable.

46. No olvides nunca estas palabras de Heráclito: *La muerte de la tierra será convertirse en agua; la del agua, en volverse aire; la del aire, en tornarse en fuego, y*

recíprocamente[34]. Acuérdate también del viajero que ignora ' dónde acaba el camino que ha emprendido. Y aun de lo siguiente: *Por asiduas que sean sus relaciones con la razón que gobierna el todo, no pueden entenderse con ella; aquello de lo que diariamente son testigos, continuamente les parece extraño.* No olvides tampoco que *no se debe obrar ni hablar como si estuviéramos durmiendo,* porque cuando dormimos nos hacemos también la ilusión de obrar y de hablar; y, en fin, ten presente que no es preciso adoptar al pie de la letra las opiniones de nuestros antepasados ni repetir como una criatura: «Así nos lo han enseñado nuestros padres.»

47. Si algún día viniesen a informarte que debes morir mañana o, lo más tarde, pasado mañana, no te debería importar mucho que sea un día u otro, a no ser que fueses el hombre más cobarde del universo. ¿Acaso, pues, representa algo este plazo? Piensa igualmente que lo mismo da morir mañana que dentro de varios años.

48. Calcula sin cesar cuántos son los médicos que han muerto después de haber fruncido el ceño tantas veces a la cabecera de sus enfermos; cuántos astrólogos que habían predicho con énfasis la muerte de otros individuos; cuántos filósofos que habían pregonado una infinidad de sistemas acerca de la muerte y de la inmortalidad; cuántos guerreros célebres que habían inmolado millares de enemigos; cuántos tiranos que habían abusado con terrible ferocidad del derecho de vida y de muerte sobre sus vasallos, como si ellos mismos hubieran sido inmortales; en fin, ciudades enteras, tales como Hélite[35], Herculano, Pompeya y otras muchas han muerto, por decirlo así. Echa luego una mirada sobre todos los que tú mismo has conocido y verás que el uno está ya en la tumba, el otro ha sido llevado a la hoguera fúnebre por un tercero, éste lo ha sido a su vez por un tal otro, y todo esto sucesivamente y en un espacio de tiempo relativamente corto. En una palabra: no pierdas nunca de vista la fragilidad y la inconsistencia de las cosas humanas. El hombre era ayer un simple germen; mañana será una momia, o menos aún, ceniza. Pasemos, pues, este corto instante de la vida conforme a nuestra naturaleza; sometámonos voluntariamente a nuestra disolución, como la oliva madura que al caer diríase que bendice la tierra que la ha producido y da gracias al árbol que la ha llevado.

49. Sé como un promontorio contra el cual vienen a estrellarse continuamente las olas del mar: siempre inmóvil, a su alrededor la furia se hace impotente. «Soy desdichado-dices-porque me ha ocurrido tal accidente.» Di, pues, al contrario: «Me considero feliz porque, a pesar de ese accidente, no experimento el menor contratiempo, ni estoy agobiado por el presente ni atemorizado por el porvenir.» Lo mismo hubiera podido sucederle a otro cualquiera y quizá no hubiese mostrado

---

[34] Clemente de Alejandría atribuye este principio a Orfeo, de quien sin duda le ha tomado Heráclito.

[35] Hélite, ciudad de la Acaya sobre el golfo de Lepanto, que fue destruida por el mar en el año 373 antes de J. C.; es decir, poco antes de la batalla de Lenetra. La erupción del Vesubio que asoló Pompeya y Herculano acaeció el año 79 después de J. C.

semejante resignación. ¿Por qué ha de ser, entonces, una desgracia este accidente, más bien que un acontecimiento feliz? ¿Acaso llamas desgracia para el hombre lo que no puede impedirle conseguir el fin que debe proponerse? ¿Crees, por ventura, que no puede obtenerlo debido a un acontecimiento que no se halla en contradicción con los propósitos de la Naturaleza acerca de su destino? ¿Y cuáles son estos propósitos? Sin duda debes conocerlos. Lo que acaba de suceder, ¿te impide, quizá, el ser justo, magnánimo, sobrio, razonable, sereno en tus juicios, modesto, libre y tener, en fin, todas aquellas virtudes que permiten a la naturaleza del individuo conseguir su objeto? Desde ahora en adelante siempre que algún acontecimiento te cause pesadumbre ten presente esta máxima: «Sufrir percances no es una desgracia; en cambio, soportarlos con valor es una virtud meritoria.»

50. Un remedio vulgar, pero práctico, para despreciar la muerte consiste en pensar en los ancianos que son los que más apego tienen a la vida. ¿Qué ventaja tienen, pues, sobre los que mueren jóvenes? Todavía deben encontrarse en algún sitio las tumbas de Cadiciano, de Fabio, de Juliano, de Lépido[36] y de otros muchos que después de haber llevado tantos a la hoguera fúnebre fueron conducidos a su vez también, La vida es corta de duración, y aun así, ¡en qué miserias, en qué sociedad, en qué cuerpo tan mezquino tiene lugar! Luego, ¿qué interés puedes tomarte en ella? Considera el inmenso abismo de los tiempos que hay detrás de ti y el infinito que se te abre delante; en esta inmensidad, ¿qué diferencia puede haber entre el niño de tres días y el hombre que tenga tres veces la edad del Gerenio[37]?

51. Sigue siempre el camino más corto, que es el de la Naturaleza. Le seguirás si todas tus acciones y todas tus palabras están inspiradas únicamente por la razón. Ésta línea de conducta te ahorrará muchas penas, muchas contrariedades, y te evitará también el obrar con astucia e hipocresía.

---

[36] Lépido, el triunviro, mantuvo hasta una edad muy avanzada el gran pontificado que tanto envidiaba Augusto. Los otros tres son desconocidos.
[37] Néstor, que, según decían, vivió durante tres generaciones.

LIBRO V

1. Por la mañana, cuando tengas pereza de levantarte, reflexiona de este modo: -Tengo que trabajar y cumplir mi deber como hombre; por eso es preciso que me levante. ¿Acaso he de ir contra mi voluntad a las ocupaciones que debo entregarme en este mundo y para las cuales he sido creado? ¿He nacido, quizá, únicamente para permanecer envuelto entre mantas al dulce calor del lecho? -Bien; pero esto es más agradable-dirás tú. -Pero ¿es que has recibido el ser sólo para disfrutar de los placeres o para trabajar y hacer algo útil? ¿No ves cómo las plantas, los pajarillos, las hormigas, las arañas, las abejas, se entregan a sus tareas para contribuir por su parte a la perfecta armonía del mundo? ¡Y tú te niegas a cumplir tus deberes como hombre y eludes el trabajo que la Naturaleza te prescribe! -Sí; pero es necesario también el descanso-dirás todavía. No cabe duda. La Naturaleza ha puesto límites, sin embargo, a esta necesidad, como los ha puesto a la de comer y beber. Pero tú traspasas estos límites y vas más allá de la necesidad; mientras que en lo referente al trabajo obras de otro modo y no haces ni siquiera lo necesario. Y es que no te aprecias a ti mismo, porque si supieras apreciarte harías con gusto lo que tu naturaleza te ordena. Los artistas que tienen pasión por. su arte, consagran toda su vida a la obra y se privan de baños, y alimentos. ¿Acaso haces tú tanto caso de tu naturaleza como un cincelador de su industria, o un pantomimo de su juego, un avaro de su dinero, o un petimetre de lo que halaga su vanidad? Cuando éstos se interesan por algo no piensan ni en comer ni en dormir, sino en llevar a buen término lo que les apasiona. ¿Y vas a achacar tú menos importancia a los actos útiles a la comunidad y a dedicarles menos cuidados?

2. ¡Cuán fácil es desterrar del espíritu y borrar en él todo pensamiento que turba o importuna el alma y recobrar en un instante la calma perfecta!

3. En tu dignidad está el hacer y decir siempre lo que conviene a tu naturaleza. No te arredres nunca ante los juicios o las calumnias de otro. Si lo que has de hacer o decir es bueno, no creas jamás que es indigno de ti. Si los demás hablan a su modo y tienen sus sentimientos personales, no te importe; no hagas caso de ellos. Sigue siempre la buena senda; déjate guiar por tu propia naturaleza y por la naturaleza común. Tanto para la una como para la otra sólo hay un camino.

4. Yo no me apartaré de la senda de los deberes que me prescribe la Naturaleza hasta que no sucumba y encuentre el reposo, hasta que no exhale mi postrer aliento en esta atmósfera que respiro todos los días, hasta que no caiga en esta tierra de la que mi padre ha extraído la sustancia primitiva de mi ser, mi madre su sangre, mi nodriza su leche; en esta tierra que me proporciona cotidianamente y al cabo de tantos años de qué saciar mi hambre y apagar mi sed; que estoy hollando con mis pies mientras me sostiene, y que con tanta frecuencia abuso de sus dones.

5. La vivacidad de ingenio no es una cualidad que nos es dado a todos poseer. Conformes; pero hay otras muchas cosas de las cuales no te está permitido decir:

«No tengo aptitudes para eso.» Procura, pues, hacer por lómenos todo lo que dependa de ti. Sé sincero, formal, laborioso, comedido, resignado con tu suerte, bondadoso, libre, sencillo, enemigo de frivolidades y magnánimo. ¿No ves cuántas cosas puedes hacer desde ahora en adelante sin alegar tu ineptitud e incapacidad? ¡Y que persistas, no obstante, en tu voluntaria inacción! ¿Consiste, acaso, en la falta de aptitudes o en la necesidad que tu carácter no sea firme, que tengas complacencias ruines. que adules tu cuerpo después de haberle acusado de tus defectos, que seas vanidoso y que abandones tu alma a tan frecuentes conmociones? No, ¡por los dioses! Sólo ha consistido en ti el haberte librado a tiempo de semejantes defectos. Si has nacido con la imaginación torpe y desprovista de facilidad, podías darte cuenta, por lo menos, de este defecto y debías de ejercitarte en corregirlo, en vez de achacarle mera importancia y complacerte en tu indolencia estúpida.

6. Hay individuos que cuando hacen un favor a su prójimo se apresuran a echárselo en cara. Algunos no llegan a este extremo; pero en su fuero interno consideran a su favorecido como un deudor, y siempre tienen presente el servicio que le han hecho. Otros, en fin, ignoran al parecer hasta el favor que han podido prestar, del mismo modo que la viña no exige nada por haber llevado la uva y se halla, por el contrario, muy satisfecha de haber producido el fruto que le correspondía; como el caballo que ha dado una carrera, como el perro que ha levantado la caza, como las abejas que han elaborado la miel. El verdadero bienhechor no reclama nada, sino que se prepara a otra buena acción; como la viña, que al llegar la estación da otra vez fruto. -¿Luego hay que ser de los que, por decirlo así, no saben ellos mismos lo que hacen? -Indudablemente. -Sin embargo-dirás tú-, no es fácil ignorar lo que uno ha hecho; porque la propiedad de todo ser social es de reconocer que ha llevado a cabo una acción provechosa para la sociedad y, ¡por Júpiter!, de querer que hasta su conciudadano lo reconozca. -Verdad es; pero si tratas de interpretar a tu modo el sentido de mi frase, serás de aquellos de quienes te hablé primeramente, porque también tienen sus razones especiosas que los inducen al error. Si, por el contrario, observas mejor lo que te he dicho, no temas que eso te haga omitir nunca ningún deber de sociabilidad.

7. Plegaria de los atenienses: «Haz que llueva, ¡oh Júpiter!, haz que llueva en las tierras cultivadas y en las llanuras del Ática[38]». Así se debe rogar: con sencillez y de buen corazón; si no, es preferible no rogar.

8. Lo mismo que decimos: Asclepios ha ordenado al enfermo montar a caballo, tomar baños fríos o andar descalzo, podemos decir también de la naturaleza del universo: que ha ordenado a tal o cual individuo una enfermedad, un padecimiento, una pérdida sensible u otra cosa análoga. En efecto: en el primer caso, la frase «ha ordenado» significa verdaderamente: el médico ha puesto en orden los medios adecuados para restablecer la salud del enfermo, y en el segundo caso significa también que la Naturaleza ha puesto lo que a cada uno de nosotros nos sucede en el orden que conviene a la existencia universal, y decimos «convenía» en el sentido de

---

[38] Es decir, donde hace y donde no hace falta.

esta palabra empleado por los arquitectos cuando dicen que las piedras de sillería son a propósito para un muro o una pirámide, porque se adaptan bien las unas con las otras para formar un conjunto. En suma: sólo hay una armonía; y así como el conjunto de todos los cuerpos forman el mundo entero tal como existe, del mismo modo el juego de todas las causas produce un efecto particular que se llama destino. Lo que estás diciendo ahora, hasta los más ignorantes lo conciben. ¿Acaso no dicen éstos: «Su destino lo ha querido», es decir, la coordinación inmutable de las cosas? Acojamos, pues, lo que nos sucede como acogemos las órdenes de los médicos. Hay, en efecto, muchas cosas desagradables en lo que éstos ordenan, y, sin embargo, nos sometemos a ello voluntariamente, con la esperanza de vernos curados. Ejecuta y cumple, como si se tratara de tu salud, aquello que la común naturaleza ha creído conveniente ordenar. Es preciso, pues, someterse gustoso a todo lo que te sobrevenga, desde luego, porque ha sido destinado para ti, coordinado para ti y que te pertenece en cierto modo por estar urdido allá arriba a tu existencia por una relación de causas que desconoces, y la segunda, porque lo que corresponde a cada uno en particular contribuye al éxito de las miras del ser superior que gobierna todas las cosas, dando a éstas perfección y consistencia. El gran Todo se vería mutilado si pudieras sustraerle una parte solamente de las que lo constituyen, sólo una causa de las que aseguran su continuidad; luego cuando soportas con dificultad algún accidente considerándolo en cierto modo fuera del orden natural, es como si hicieras esa sustracción.

9. No te apures, ni te desanimes, ni te impacientes de ningún modo si tus acciones no corresponden siempre a tus buenos principios. ¿Te has apartado de ellos? Pues vuelve a la carga y considérate feliz si tus acciones en general han sido dignas de un hombre, y ensalza esta filosofía cuyas huellas vuelves a seguir. No continúes por este camino como un chiquillo cuando va a la escuela, sino como el enfermo de la vista que va en busca de una esponja o una venda, como el que se dispone a tomar una loción o a ponerse una cataplasma. No finjas conformarte en todo con la razón, sino busca dentro de ella la tranquilidad. Ten presente que la filosofía sólo quiere lo que tu naturaleza, y tú quisieras otra cosa aun en contra de tu naturaleza. ¿Cuál de estas cosas procura mayor satisfacción? ¿Acaso no es por ahí precisamente por donde los placeres nos halagan? Reflexiona, pues, si lo que procura mayor satisfacción no es la grandeza del alma, la libertad, la benevolencia, la lealtad y la pureza de las costumbres. ¿Hay algo más agradable que la prudencia, si consideras que, descubriendo los principios verdaderos y las consecuencias de las cosas, nos hace huir del error y triunfar en nuestras empresas?

10. Todas las cosas se hallan cubiertas de un velo tan espeso, por decirlo así, que más de un filósofo de mérito ha pensado que era absolutamente imposible descubrir el fondo. Desde luego, hasta los mismos estoicos piensan que este descubrimiento es difícil, por lo menos, y que todas nuestras opiniones están sujetas a modificaciones; ¿acaso, pues, hay alguien que no varíe? Examina ahora los objetos

que poseemos. ¡Cuán corta es su duración! ¡Y cuán despreciables son, puesto que un libertino, una cortesana o un bandido, o cualesquiera, pueden poseerlos del mismo modo! Echa luego una mirada sobre las costumbres de los que viven contigo: el más agradable de todos ellos es apenas soportable; ¿qué digo?, difícilmente habrá alguno que pueda soportarse a sí mismo. Ahora bien; me pregunto: En estas tinieblas, en este pútrido fango, en este torrente avasallador que arrebata el tiempo y la materia, ¿puede haber algo que merezca la estima o el menor aprecio? Al contrario, se ve uno reducido a consolarse a sí mismo, esperando la propia y natural disolución, sin impacientarse por su tardanza y ateniéndose únicamente a estas dos consideraciones: primeramente, que no puede sucederme nada que no se halle de acuerdo con la naturaleza universal, y en segundo lugar, que sólo consiste en mí el no obrar contra mi dios y mi genio, porque ninguna fuerza en el mundo puede obligarme a desobedecerlos.

11. ¿Cuál es el empleo que hago de mi alma en ese momento? Esto es lo que debe uno preguntarse continuamente y lo que es preciso examinar. ¿Qué ocurre ahora en esta parte de mi ser que le sirve de guía? ¿De quién es, y cómo, el alma que tengo? ¿Acaso es de un niño; de un joven; de una mujercilla; de un tirano; de un animal desprovisto de instinto; de una fiera?

12. ¿Qué entiende el vulgo por verdaderos bienes? He aquí una observación que puede enseñártelo. Si se le hace a un individuo la pintura de lo que es esencialmente bueno; por ejemplo: de la prudencia, de la templanza, de la justicia o de la fortaleza, no admitirá de buena gana que se le agregue a esta imagen una palabra ridícula, porque la juzgará inconveniente según la idea que se ha formado del bien. Pero si se le pinta lo que se entiende comúnmente por bienes, admitirá sin dificultades que se añada a la descripción algún chiste cómico. Así, pues, el vulgo conoce también la diferencia, porque, de lo contrario, le extrañaría el chiste y lo creería impropio del caso. En efecto: todos lo aceptamos y aun lo encontramos a propósito e intencionado cuando se trata de riquezas, de lujo o de ostentación. Ve, pues, y pregunta si se deben apreciar y considerar como verdaderos bienes las cosas cuya descripción es susceptible de esta bufonada: «Tiene tantas riquezas amontonadas en su casa, que no le queda sitio ni para un bacín.»

13. Estoy compuesto de un principio que obra en mí cual una causa y de un elemento puramente material. Ni el uno ni el otro serán aniquilados, puesto que ninguno de los dos ha sido hecho de nada. Así, pues, todas las partes que me constituyen serán transformadas en alguna parte del mundo, ésta se transformará a su vez en otra y así sucesivamente hasta lo infinito. Por efecto de una de estas transformaciones he nacido yo; como han nacido mi padre, mi madre y mis antepasados remontándome también al infinito. Nada me impide el emplear aquí esta palabra, si bien es verdad, no obstante, que el gobierno del universo se halla sujeto a fatales y periódicas revoluciones.

14. La razón y el arte de razonar son facultades que se bastan a sí mismas y a las operaciones que les están encomendadas. Su actividad radica en su propia energía y

van directas al objeto que hay delante de ellas; de ahí proviene la expresión «sentido recto», por alusión a la línea recta que sigue siempre la razón.

15. No debe considerarse como un favor personal del individuo ninguno de los pretendidos bienes que no acrecientan sus méritos como hombre. No pueden ser atributos de hombre, puesto que su naturaleza no les exige, como tampoco pueden ser perfecciones de esta naturaleza. Luego no reside en ellos el fin natural del hombre, ni aun lo que permite alcanzar este fin: la honradez. Además, si alguno de estos bienes fuese un mérito para el individuo, dejaría de serlo desde el momento que lo despreciaba o le rechazaba con desdén; de modo que todo aquel que se pasara sin ellos, o mejor dicho, cualquiera que despreciase alguno de ellos, dejaría de ser apreciable, sobre todo tratándose de verdaderos bienes. Pero, por el contrario, cuanto más se priva uno de estos pretendidos bienes y de todo lo que a ellos se refiere, tanto más se resigna uno a verse privado de ellos, y con tanta mayor facilidad se pasa por hombre de bien.

16. Semejante a la naturaleza de tus ideas será el fondo de tu alma, porque nuestra alma se impregna de nuestras ideas. Impregna, pues, continuamente la tuya de reflexiones como éstas, por ejemplo: en cualquier parte se puede vivir y vivir bien; se puede vivir en la corte, luego también en la corte se puede vivir bien. Además, todos los seres se inclinan hacia el objeto para el que han sido creados; este objeto es su fin, y únicamente en su fin podrán encontrar el reposo y el bienestar. Así, pues, el bienestar de un ser racional se halla en la sociedad humana; y que es éste el objeto para que hemos sido creados es un punto demostrativo desde hace mucho tiempo. ¿No es evidente que los seres menos perfectos han sido creados para los que lo son más, y éstos para los primeros? En efecto: lo que está animado vale más que lo que no lo está, y entre los seres animados la superioridad pertenece a los que se hallan dotados de razón.

17. Perseguir lo imposible es una locura; luego es imposible que los perversos no hagan alguna perversidad.

18. Nada acaece a cualquier hombre que no sea capaz de soportarlo. Figúrate que a otro le ocurren los mismos accidentes que a ti, y bien por falta de sentimiento o por hacer ostentación de grandeza de alma permanece firme e impasible a los reveses de la fortuna. ¿No es verdaderamente extraordinario que la arrogancia y la estupidez sean más constantes que la prudencia?

19. Los objetos exteriores no pueden impresionar de ningún modo el alma; ni tienen acceso, ni pueden operar en ella ningún cambio ni el más leve movimiento. Sólo el alma puede modificarse y moverse por sí misma. En cuanto a los objetos exteriores, cree deber admitirles en su juicio tales como son a su parecer.

20. Desde un punto de vista, todo hombre se halla ligado estrechamente conmigo y tengo el deber de procurarle el bien y soportarle; no obstante, si alguno pone obstáculos a los actos que me son propios, este individuo se vuelve para mí un ser tan indiferente como el sol, el aire o un animal feroz, que pudieran también

poner obstáculos a mis acciones. Pero ninguno de éstos puede ponerlos al movimiento de mi corazón ni a mi voluntad, porque he puesto en ellos una condición y puedo transformar el objeto; en efecto, mi alma tiene poder para transformar todo lo que se opone a su actividad y hacer de ello el objeto principal de su acción; de suerte que el obstáculo que detiene un trabajo proyectado se convierte en el propio trabajo, y que lo que impide el paso hace construir un camino.

21. Honra en el universo a la fuerza más grande: la que dispone de todo y gobierna todo. Honra también dentro de tu persona a la fuerza más grande: ésta es de la misma naturaleza que aquélla. Es la que dispone de todo lo que posees y la que dirige tu vida.

22. Lo que no es perjudicial a la ciudad no lo es tampoco al ciudadano. Ten por norma esta máxima siempre que te figures que has recibido una ofensa. Si esta ofensa no alcanza a la ciudad, no te puede alcanzar a ti tampoco; y aun suponiendo que la alcance, no debes encolerizarte contra el culpable. ¿De qué te serviría mirarle de reojo?

23. Considera la rapidez del torrente que arrastra todo lo que existe y lo que nace; porque la naturaleza de las cosas se asemeja mucho a la corriente de un río inagotable: sus obras son sólo transformaciones continuas cuyas causas son también resultado de mil variaciones; nada es duradero, por decirlo así, ni aun lo que parece muy seguro. Considera también el abismo inconmensurable del pasado y del porvenir, en el cual todo se desvanece y acaba. ¿Acaso no es una locura enorgullecerse, o bien atormentarse o indignarse por semejantes cosas, como si hubieran de durar infinitamente?

24. Acuérdate de la Naturaleza universal, de la que sólo formas una ínfima molécula; de la continuidad de los tiempos, de cuyo reparto te ha tocado un espacio insignificante, apenas un intervalo, y del destino, que cuenta por una unidad, pero ¡cuán pequeña!

25. ¿Que alguien se hace culpable para conmigo? Sólo a él debe importarle: suya ha sido la voluntad, suyo es el acto. Por mi parte, sólo tengo en este momento lo que la naturaleza común quiere que tenga, y hago únicamente lo que mi naturaleza individual exige que haga.

26. Que la parte esencial de tu alma, facultad directora y soberana, no se estremezca con las bruscas y agradables impresiones que la carne experimente, y que en vez de amalgamarse con la carne encierre en sí misma y mantenga las pasiones en el límite de los propios miembros. Si por una simpatía, cuya causa no depende de ella, estas afecciones llegan hasta el alma a consecuencia de su unión con el cuerpo, no hay, pues, por qué rechazar una sensación que se halla dentro del orden natural, no obstante que tu facultad directora se guarde muy bien de tomarla por un bien o por un mal.

27. Vivir con los dioses. Vive con los dioses todo aquel que en cualquier ocasión les muestra un alma satisfecha con su destino y dócil a las aspiraciones del genio que

Júpiter nos ha dado a cada uno por dueño y guía, y que es una partícula destacada de su propia sustancia. Luego este genio es nuestro espíritu y nuestra razón.

28. ¿Acaso te enfadas con alguien porque despide mal olor? ¿Te disgustas con otro porque exhale un aliento fétido? ¿Quizá pueden impedirlo? La boca de uno será siempre lo mismo; el cuerpo de otro no puede cambiar; luego uno y otro no tienen más remedio que oler de ese modo. -Sin embargo-dirán algunos-, el hombre está dotado de razón y puede reconocer fácilmente lo que le hace ser culpable. ¡Muy bien! Por consiguiente, tú también te hallas dotado de razón; sírvete, pues, de ella para excitar la suya; enséñale su deber y adviértele su falta. Si te comprende le curarás, y es inútil que te incomodes. No hay que hacer el trágico ni la cortesana.

29. Puedes vivir desde hoy como te propones hacerlo en la vejez. Si no se te deja vivir en libertad, abandona esta vida; pero abandónala cual hombre que no experimenta ningún contratiempo. ¿Que sale humo de la casa? Pues me voy. ¿Y crees, por ventura, que eso es de gran importancia? Mientras que ningún motivo semejante me obligue a salir, me quedo tranquilamente, y nadie puede impedirme el hacer lo que quiera. Luego quiero sencillamente lo que se halla de acuerdo con la naturaleza de un ser racional y sociable.

30. El espíritu del universo es un espíritu social. Por consiguiente, ha criado seres inferiores para los más perfectos, y ha procurado armonizar los unos con los otros. ¿Ves cómo ha sabido subordinarlos, dar atributos a cada uno según sus méritos y reunir en sociedad a los más dignos por una comunidad de sentimientos?

31. ¿Cómo te has conducido hasta hoy con tus dioses, tus parientes, tus hermanos, tu mujer, tus hijos, tus amos, tus gobernadores, tus amigos, tus íntimos y tus criados? ¿Observaste hasta ahora con todos ellos el precepto De no hacer ni decir a alguien algo malo[39]?

Acuérdate también de los percances que has sufrido y que has podido soportar. Ten presente que la historia de tu vida está completa y que has llegado al término de tu carrera. ¿Cuántos ejemplos grandiosos has presenciado? ¿Cuántas veces has desdeñado el placer y el dolor, y despreciado la vanagloria? ¿Con cuántos hombres injustos te has mostrado equitativo?

32. La confusión de un alma inculta e ignorante, ¿por qué ha de comunicarse a otra culta e instruida? ¿Qué se entiende, pues, por alma culta e instruida? La que conoce el origen de los seres y su fin, como también el genio que penetra la naturaleza entera y preside al gobierno del mundo durante el transcurso de los siglos, testigos de fatales y periódicas evoluciones.

33. Dentro de breves instantes tu cuerpo no será más que cenizas, osamentas desecadas; sólo quedará un nombre, ¿qué digo?, ni esto siquiera: el nombre no es más que un ruido vago, un eco lejano. Lo que en mayor estima se tiene en esta vida es sólo vanidad, podredumbre, miseria; y esto nos recuerda a los perros juguetones,

---

[39] Homero, Odisea, VI, 690.

que terminan por pelearse, o a los niños descontentadizos, que ríen un momento y lloran después. La buena fe, el pudor, la justicia y la verdad han huido hacia el Olimpo, lejos de la faz terrena[40]. ¿Qué es, pues, lo que te retiene todavía en este mundo si los objetos sensibles no tienen consistencia ni estabilidad; si tus sentidos, desprovistos de sutileza, están sujetos a sufrir engañosas impresiones; si tus órganos vitales no son más que un vapor de la sangre; si la celebridad entre los mortales es tan efímera? ¿Qué hacer entonces? Esperar con paciencia que tu alma se extinga o que emigre de tu cuerpo. Y en tanto que llegue este momento, ¿qué debes hacer para vivir satisfecho, sino honrar y bendecir a los dioses, hacer bien a los hombres y soportarlos y abstenerte de hacerlos el menor perjuicio, y, en fin, tener presente que todo lo que es ajeno a tu miserable carne y al débil aliento que la anima no es tuyo ni depende de ti?

34. Tus días pueden transcurrir perpetuamente dichosos, si quieres seguir por el buen camino, es decir, si piensas y obras con rectitud. Hay dos prerrogativas comunes al espíritu de Dios y al del hombre como ser racional: la de no hallarse obstruido por otro y la de fundar el bien en intenciones y en actos que están de acuerdo con la justicia, limitando en ella todas sus aspiraciones.

35. ¿Por qué, pues, atormentarme, si lo que me sucede no depende de ninguno de mis vicios, ni es el efecto de mi naturaleza viciosa, ni trastorna el orden del perfecto universo? Desde luego, no podría tampoco trastornarlo.

36. No te dejes arrastrar inconsideradamente por la imaginación, sino ayuda a tus semejantes a medida de tus fuerzas y según sus necesidades; aunque no se hallen privados del bienestar exterior. No te imagines por eso que esta privación sea una desgracia, término impropiamente empleado, no; y ten presente el ejemplo de aquel antiguo gobernador que, estando un día fuera de casa, reclamaba la peonza de su discípulo, si bien no ignoraba para qué sirve una peonza. Obra, pues, como él. Cuando declamas en la tribuna o en el foro, ¿olvidas, ¡oh mortal!, lo que es la declamación? -No-dirás tú-; pero esa gente vuelve loco a cualquiera. -¿Y es esto una razón para que seas tú loco como ellos? -Esto me ha sucedido más de una vez. Dondequiera que te encuentres abandonado, puedes ser un hombre feliz; entiendo por hombre feliz el que sabe procurarse una buena suerte; y por buena suerte, quiero decir buenos principios, nobles aspiraciones y actos ejemplares.

---

[40] Hesíodo: Trabajos y Días, v. 197.

LIBRO VI

1. La materia que constituye el universo se presta dócilmente a todas las combinaciones; y la sabiduría que dispone de ellas, no lleva en su esencia ningún principio maligno. Luego, no encerrando ninguna maldad, no puede hacer daño ni perjudicar; sino que vela por la creación de todas las cosas y por llevarlas a un buen fin.

2. Cuando cumples con tu deber no hagas caso si tienes frío o calor, si tienes necesidad o no de dormir, si te aplauden o te critican, y si corres algún peligro o vas a morir. El hecho de morir es uno de los actos de la vida, y tanto en esto como en los demás, lo esencial es hacer bien lo que se está haciendo.

3. Examina a fondo todas las cosas y procura no equivocarte ni en su cualidad propia ni en su verdadero valor.

4. Todo lo que se ofrece a nuestra vista se transformará en un instante: los cuerpos simples se evaporan y los demás se disuelven en sus diversos elementos.

5. La sabiduría que gobierna el mundo conoce su propia naturaleza, sabe perfectamente lo que hace y lo que ejecuta.

6. El mejor medio para vengarse de los malos es procurar no asemejarse a ellos.

7. Pasar sucesivamente de una acción social a otra debe ser tu único goce, tu sola distracción; pero acordándote siempre de Dios.

8. Lo que nos guía es la facultad que posee el alma de dirigirse a sí misma, de componerse según su voluntad y de considerar todo lo que sucede desde el punto de vista que juzga conveniente.

9. Todo se realiza según el orden de la naturaleza universal; pero jamás por las leyes de otra naturaleza cualquiera que pudiera envolverle exteriormente o encerrarle en su seno, como tampoco por otra causa independiente de ella.

10. Todas las cosas, o no son más que una confusa aglomeración de elementos que se combinan desordenadamente para dispersarse luego, o, por el contrario, son todo unión, orden y providencia. Dada la primera hipótesis, ¿para qué, pues, desearía permanecer más tiempo en medio de esta amalgama fortuita y dentro de semejante confusión? ¿Acaso debo preocuparme de saber cómo *he de convertirme en polvo un día*[41]? ¿Por qué he de alarmarme entonces? La fuerza de dispersión ha de alcanzarme, haga lo que hiciere. Pero en la segunda hipótesis, no tengo más remedio que inclinarme con respeto y tranquilidad ante el ser que gobierna el universo, depositando en El toda mi confianza.

11. Cuando, bajo el imperio de las circunstancias, experimentes involuntariamente una especie de trastorno, vuelve en ti mismo en seguida y sobre todo no interrumpas la marcha de tu conducta más de lo necesario. Cuanto más constantemente recobres tu conducta, tanto más dueño te harás de ella.

---

[41] Homero, Ilíada, VII, 99.

12. Si tuvieses al mismo tiempo una madrastra y a tu madre, testimoniarías a la primera un profundo respeto, pero volverías asiduamente cerca de la segunda. Este ejemplo lo tienes actualmente con la filosofía y la corte: vuelve, pues, hacia la primera y échate en sus brazos; ella es quien te ayuda a soportar la corte y quien te hace soportable en ella.

13. Ante los exquisitos manjares y otros alimentos que me son presentados, puedo perfectamente decirme: esto es un cadáver de pescado, aquello un cadáver de pollo o de cerdo; o también, este falerno es un poco de zumo de uva, aquel vestido de púrpura no es más que un tejido de lana vieja de oveja teñido del color de sangre extraído de una concha. En cuanto a los placeres del amor, sólo son un contacto de cuerpos, un friccionar de nervios, que produce el espasmo y la excreción de una materia espermática. Y del mismo modo que estas ideas, que van directamente al hecho y penetrando en lo más recóndito de los objetos, dan a conocer lo que son en realidad, es necesario obrar con todas las cosas de esta vida. Cuando un objeto aparezca a la imaginación como muy estimable, hay que examinarlo interiormente, considerar su valor intrínseco y despojarlo de todo aquello que puede darle una dignidad ficticia. Una brillante apariencia es de seducción peligrosa; por eso, cuando mayor apego tienes por una cosa que te parece buena, tanto más grande luego es tu desilusión. Ve, pues, lo que dicen Crates y Jenócrates sobre este punto[42].

14. La mayor parte de las cosas que el vulgo sin ilustración admira se reducen a los objetos más comunes, que le llaman la atención por sus propiedades constitutivas o vegetativas, como las piedras, la madera, el bosque, las higueras, las viñas, los olivos. Los seres algo más cultos se interesan por los animales, por ejemplo, por el ganado, por los grandes rebaños. Los individuos más ilustres todavía, aprecian los seres dotados de razón, aunque no siempre de razón universal, sino más bien de esa facultad que les hace aptos para las artes o para una industria cualquiera, o, del mismo modo, desean poseer una multitud de esclavos sin más objeto que su número. Pero el que aprecia la inteligencia suprema, la razón que gobierna al mundo y al género humano, no se preocupa de lo demás; únicamente procura coordinar todas sus afecciones y sus movimientos con lo que le exigen esa razón universal y el interés de la sociedad, y ayuda a sus semejantes a obrar como él.

15. Siempre, entre todas las cosas, unas se apresuran a ser y las otras a dejar de ser; y aun de lo que alcanza a ser, una parte está ya extinguida; desapariciones y transformaciones renuevan el mundo sin cesar, como la incesante huida del tiempo renueva continuamente la duración infinita. En medio de este torrente, donde todo pasa fugaz y en el cual es imposible detenerse, ¿podría dar alguien quizá la menor importancia a cualquier cosa? Sería igual que apasionarse por una de esas aves que vuelan por encima de nosotros y que en un momento se las pierde de vista. La vida por sí misma y para cada uno de nosotros sólo es en definitiva un vapor de la sangre

---

[42] Se ignora lo que dijera. Sin duda se refiere a Crates de Tebas y a Jenócrates, el filósofo platónico.

y un aliento del aire que respiramos. En efecto, el aire, una vez aspirado, se exhala; esto lo hacemos continuamente; pues bien: lo mismo sucede cuando exhalas por última vez esta fuerza de respiración que adquiriste ayer o anteayer, la restituyes a quien se la habías tomado.

16. No está el mérito en vegetar como las plantas, ni respirar como los animales domésticos o salvajes, ni tener la imaginación pendiente de las impresiones de los sentidos, ni estar sujeto como un muñeco a los impulsos de las pasiones, ni agruparse, ni tomar los alimentos, función ésta del mismo orden que la de operar la excreción de la comida. ¿Qué es lo que hace, pues, apreciable al hombre? ¿Acaso las calurosas ovaciones? No; ni tampoco las aclamaciones, puesto que las alabanzas que prodiga la multitud sólo es un murmullo de voces. Apartémonos, pues, de esta gloria despreciable. ¿Queda algo entonces que pueda realizar la dignidad del hombre? Lo único, a mi parecer, es adaptar la conducta de cada uno a la organización interior de su ser, haciendo de esto el único objeto como si se tratara del estudio y de las artes. En efecto, todo arte tiende a concordar las cosas con el objeto para que han sido hechas. Así proceden el jardinero, el viñador, el domador de un potro y el adiestrador de un perro. He aquí, pues, lo que hace al hombre verdaderamente digno de aprecio; y si llegas a conseguir esta perfección, los demás objetos te parecerán indiferentes. ¿Acaso podrás luego dar importancia a otras mil cosas? ¿No serás libre nunca, ni capaz de bastarte a ti mismo, ni estarás exento de perturbación? Sin duda tendrás envidia, celos y sospechas de los que pudieran arrebatarte estos bienes imaginarios; y quizá también tiendas lazos a los que poseen lo que en tanta estima tienes. Luego es imposible que con semejantes deseos no te halles perturbado y no murmures hasta en contra de los dioses. Si, por el contrario, respetas y honras tu alma, estarás siempre contento de ti mismo, en buena inteligencia con los hombres y de acuerdo con los dioses; sí, los bendecirás por todo lo que te envían y por todo lo que te han destinado.

17. Los átomos se mueven en todos los sentidos: hacia arriba, hacia abajo, en círculo; pero la virtud no se mueve en ninguna de estas direcciones. Tiene ocultas sus vías, las sigue, y llega sin tropiezo a su término.

18. ¡Qué manera de obrar más extraña tienen los hombres! No quieren elogiar a sus contemporáneos que viven con ellos, y dan una importancia enorme a las alabanzas de la posteridad, es decir, de personas que no han visto ni verán nunca. Es lo mismo que si tú lamentaras que los hombres de pasados siglos no hubiesen tenido una frase de elogio para ti.

19. Cuando te parece difícil de ejecutar una cosa, guárdate muy bien de pretender que es imposible para el hombre. Por el contrario, si una cosa es del dominio del hombre y entra en sus deberes, puedes estar seguro que también se halla a tu alcance.

20. Si durante los ejercicios o en el gimnasio alguien nos hiere o nos da un cabezazo, no mostramos la menor indignación, si nos creemos ofendidos, y, por

consiguiente, no consideramos a este individuo como un traidor; procuramos evitarle, pero no cual si fuera un enemigo; obramos con discreción, mas no sospechamos de él en lo más mínimo. Que sea, pues, así en todas las demás circunstancias de la vida y dispensemos benévolamente muchas cosas a los que, en cierto modo, se ejercitan con nosotros. Conforme acabo de decir, nos está permitido evitar cierta clase de individuos, pero sin tener sospechas ni odio.

21. Si alguien puede probarme y convencerme que pienso o me conduzco mal, me corregiré con gusto; porque, buscando como busco la verdad, que nunca ha extraviado a nadie, sería extraviarse en cierto modo persistiendo en la falta o en la ignorancia.

22. Por mi parte, cumplo con mi deber permaneciendo insensible a todo lo demás, a esos seres inanimados, desprovistos de razón o extraviados y que ignoran el buen camino.

23. Trata dignamente y con libertad a los animales y, en general, a todos los objetos de que dispones, como debe tratar un ser racional a todo lo que se halla desprovisto de razón. Y puesto que los hombres participan de la razón, como tú, trátalos como miembro que eres de su sociedad, invocando, en cualquier circunstancia, la ayuda de los dioses. Y no te preguntes con inquietud cuánto tiempo tendrás que obrar de este modo: aunque sólo empleares en ello tres horas sería suficiente.

24. Alejandro de Macedonia y su muletero quedaron reducidos al mismo estado después de su muerte: o fueron reabsorbidos por las esencias generadoras del mundo o se dispersaron de igual modo en átomos.

25. Piensa cuántas y qué distintas cosas suceden a la vez en cada uno de nosotros, en nuestro cuerpo lo mismo que en nuestra alma, y de este modo no te asombrarás de mucho de lo que ocurre. ¿Qué digo? De todo lo que pasa al mismo tiempo en el ser único y universal que llamamos mundo.

26. Si te preguntan cómo se escribe el nombre de Antonino, ¿acaso te resistirás a deletrear todas las sílabas? ¡Qué! Si llegan a incomodarse, ¿te incomodarás tú del mismo modo? ¿No preferirás mejor deletrear el nombre tranquilamente y letra por letra? Del mismo modo en la vida acuérdate de que tu deber se compone de cierto número de acciones simultáneas: es preciso cumplirlas sin titubear e ir derecho a sus fines sin indignarse contra los que se indignan.

27. Impedir o no permitir a los hombres inclinarse hacia lo que parece ser de su conveniencia o de su interés, es, en cierto modo, inhumano. Sin embargo, tú se lo impides al parecer cuando te indignas de sus faltas. Sólo se inclinan, vuelvo a decir, hacia lo que les parece de su conveniencia o interés. -Sí-dirás tú-; pero se engañan. -Pues bien: desengáñalos y procura instruirlos sin indignarte.

28. La muerte pone fin a la rebelión del sentido, a la violencia de las pasiones, a los desvaríos del pensamiento y a la esclavitud que la carne nos impone.

29. Es vergonzoso que mientras tu cuerpo no decae, tu alma sucumba de debilidad antes que aquél.

30. No abuses del título de César, ni te dejes corromper; desgracias éstas harto frecuentes. Procura, pues, ser siempre sencillo, bueno, formal, serio, justo, religioso, bondadoso, afable y constante en la práctica de tus deberes. Acrecienta tus esfuerzos con el fin de que permanezcas tal como te ha formado la filosofía. Venera a los dioses y respeta a los hombres. La vida es corta: la única ventaja que nos proporciona la existencia en este mundo es la de poseer la virtud en el corazón y obrar por el bien de la sociedad. Muéstrate en todo cual verdadero discípulo de Antonino. Imita su constancia, haciendo únicamente lo que se halla de acuerdo con la razón, la uniformidad de su carácter en todas las circunstancias, su piedad, la serenidad de su rostro, su mansedumbre, su aversión por la vanagloria y la solicitud con que llevaba a cabo todos sus negocios. Antonino no dejaba pasar absolutamente nada sin haberlo visto antes a fondo y haber concebido una idea clara. Soportaba con paciencia los reproches injustos que se le hacían, y jamás contestaba con otros reproches. No obraba nunca precipitadamente, ni escuchaba la delación, y se enteraba de las costumbres y las acciones de todos con minucioso cuidado. La insolencia, la timidez, la desconfianza y el pedantismo se hallaban desterrados de su persona. ¡Con cuán poco se contentaba! Ve, si no, sus habitaciones, su cama, sus vestidos, su mesa y sus criados. Ten presente, asimismo, su actividad y su paciencia para el trabajo; gracias al régimen sencillo que llevaba, podía permanecer en el mismo sitio hasta la noche sin molestarse ni aun para las necesidades naturales, aparte de las horas que la costumbre le había fijado. Siempre era constante en sus amistades y de ningún modo se ofendía cuando le contradecían libremente sus opiniones; si le proponían una idea mejor que la suya, la adoptaba con satisfacción. Ten presente, por último, su piedad sólida y exenta de superstición, y obra de modo que tu hora última te sorprenda sin remordimientos y con los mismos sentimientos que él.

31. Huye de tu alucinamiento y vuelve a tus facultades. Despierta y examina detenidamente lo que te distraía: sólo eran sueños. Y ahora que has despertado, considera lo que te turba, como has considerado el objeto de tus ensueños.

32. Estoy formado por un cuerpo mezquino que lleva consigo un alma. Al cuerpo todo le es indiferente, puesto que es incapaz de discernir en absoluto. En cuanto a mi espíritu, todo lo que no se halla dentro de sus propias obras le es también indiferente, y lo que se halla dentro de sus. obras, depende exclusivamente de él; por sus propias obras debemos entender las presentes, porque las venideras o pasadas le son actualmente indiferentes.

33. Ni los pies ni las manos hacen un trabajo superior a su naturaleza, mientras desempeñan las funciones que les incumben. Del mismo modo, el hombre no hace un trabajo superior a su naturaleza mientras cumple sus deberes como hombre. Lo que no se halle por encima de su naturaleza no será nunca un mal para él.

34. ¡En qué voluptuosidades no se han revolcado los bandidos, los pervertidos, los parricidas y los tiranos!

35. Por muy poco versadas que se hallen las personas en un arte, ¿no ves cómo obran? Si con la voluntad de los particulares se conforman sólo hasta cierto punto, no por eso dejan de observar las reglas de su profesión, y jamás se apartan de ellas. ¿No es verdaderamente asombroso que un arquitecto o un médico tengan más respeto por las reglas de su arte que el hombre por su razón, prerrogativa que posee en comunidad con los dioses?

36. El Asia, la Europa, no son más que unos rinconcitos del mundo. El conjunto de los mares es como una gota de agua en el universo, y el monte Atos una molécula de tierra. La sucesión de los siglos sólo es un punto en la eternidad. Todas las cosas son pequeñas, inconsistentes, perecederas.

Todas provienen del mismo origen, de la razón universal, bien sea directamente o por consecuencias. Así, pues, tanto las fauces del león como el veneno, las espinas como el barro, y todo lo que hay de perjudicial, es un complemento necesario de la magnificencia y de las galas de la naturaleza. Luego no te imagines que sean estas cosas extrañas al Ser que tú adoras, sino eleva tu pensamiento hasta el origen de todo.

37. Quien ha visto lo que hay en el tiempo presente, ha visto todo, tanto del pasado como del porvenir, porque todas las cosas persisten en su propia naturaleza y presentan siempre el mismo aspecto.

38. Piensa de cuando en cuando en la indisoluble unión de todas las cosas terrenales y en la relación íntima que existe entre ellas; porque todas están, por decirlo así, entrelazadas unas con otras y, por consiguiente, reina entre ellas una estrecha simpatía; la una se inclina hacia la otra por efecto de la tendencia, del concurso y de la comunión de todas las partes de la materia.

39. Acostúmbrate a lo que el destino te ha designado y quienquiera que sean los hombres con los cuales tienes que vivir, ámalos, pero de verdad.

40. Un instrumento, un objeto, un utensilio cualquiera que se apreste al uso para que ha sido hecho, es bueno; no obstante, el obrero que lo ha fabricado no está en él. No sucede lo mismo con los seres que la naturaleza lleva consigo: la potencia que los ha formado reside y obra en ellos persistentemente. Por eso mismo debes reverenciarla mucho más y creer que, si te conduces conforme a su voluntad, asegurarás tu dicha. Por eso también, hasta el ser universal encuentra la felicidad perfecta en el cumplimiento de sus designios.

41. Admitamos que consideres como un bien o un mal cualquier cosa que no dependa de tu voluntad; si llega a sucederte este pretendido mal, o si no alcanzas este bien en cuestión, necesariamente te desatas en reproches contra los dioses, y los hombres, autores verdaderos o pretendidos de tu mala suerte o de tu desgracia, te son antipáticos. Hasta la lucha que sostenemos a propósito de estos bienes o males nos hace cometer mil injusticias. Si, por el contrario, hacemos consistir únicamente estos bienes o males en lo que depende de nosotros mismos, no nos quedará ningún pretexto para acusar a los dioses ni para rebelarnos contra el hombre.

42. Todos cooperamos al cumplimiento de un solo y único designio; unos, sabiéndolo y comprendiéndolo perfectamente; otros, sin darse cuenta. Por eso

pretende Heráclito, si no me engaño, que hasta los que duermen trabajan, y son obreros que contribuyen en cierto modo a lo que sucede en el mundo. El uno contribuye de una forma, el otro de otra. El que murmura contra los accidentes de la vida y trata de conjurarlos y aun de eludirlos, contribuye del mismo modo, porque el orden general del mundo necesita la intervención de ese cooperador. Ve, pues, en qué clase de trabajadores quieres colocarte. En cualquiera de ellos que te coloques, el Ser que gobierna el universo sabrá perfectamente servirse de ti, como de los demás obreros que utiliza en sus empresas. Pero tú procura no ser en el conjunto de esos obreros lo que es en una comedia el verso chabacano y ridículo citado por Crisipo[43].

43. Por ventura, ¿se mezcla el sol en lo que incumbe a la lluvia y Esculapio en lo que es propio de la tierra fecunda? ¿Y qué decir de cada uno de los astros? ¿No tienen acaso atribuciones distintas y, sin embargo, concurren al mismo fin?

44. Si los dioses han deliberado acerca de mí mismo y de lo que debe sucederme, su decisión tiene que ser buena forzosamente, porque no se puede concebir un dios desprovisto de sabiduría. Además, ¿cuál sería el motivo que los impulsara a hacerme daño? ¿Qué beneficios podían sacar de esto, para sí mismos o para el universo, objeto principal de sus cuidados? Y suponiendo que no hayan deliberado particularmente acerca de mí mismo, por lo menos han establecido un plan general; y puesto que todo lo que me sucede es una consecuencia forzosa de ese plan, mi deber es acogerlo como es debido y llevarlo con resignación.

Ahora bien: si los dioses no deliberan acerca de nada (suposición impía), entonces no debemos hacer ni sacrificios, ni plegarias, ni votos, ni ninguna de esas prácticas religiosas que se dirigen a los dioses, a quienes consideramos como estando presentes y viviendo entre nosotros; pero aun suponiendo esto, que los dioses no quieran mezclarse en nada de lo que nos concierne, podemos deliberar perfectamente acerca de nosotros mismos, y esta deliberación tendrá como único objeto nuestro propio interés. Luego el interés de cada individuo está en velar por su propia constitución y por su naturaleza particular; y yo, por naturaleza, soy un ser razonable y social.

Como Antonino, tengo por cuna y por patria Roma; como hombre, el mundo. Por consiguiente, para mí no hay más bienes verdaderos que los que sirven los intereses de ambas patrias.

45. Todo lo que nos sucede a cada uno es útil para el universo. Esto sería bastante decir. Sin embargo, observa atentamente las cosas y verás también: que todo lo que le sucede a un individuo es útil para los demás. Pero atribúyase aquí a la palabra "útil" el sentido que le da el vulgo al hablar de cosas indiferentes, es decir, de lo que en el fondo no es ni un mal ni un bien.

46. Las representaciones dadas en el anfiteatro o en otra escena del mismo género, te importunan porque son siempre semejantes, y la uniformidad de este

---

[43] Filósofo estoico, nacido en Soles (Cilicia) hacia el año 280 antes de J. C.

espectáculo acaba por desagradarte: lo mismo debe sucederte durante toda la vida, porque tanto arriba como abajo todo pasa y se repite en este mundo con perpetua uniformidad. ¿Hasta cuándo, pues?

47. Reflexiona continuamente cuántos hombres han muerto de todas las clases, de todas las profesiones, de todos los países. Desde el comienzo de los siglos desciende hasta la época de Filistión, de Febo, de Origanión[44], y considera luego las demás razas de los hombres. Así, pues, es preciso que vayamos también donde tantos oradores eminentes y tantos graves filósofos nos han precedido, los Heráclito, los Pitágoras, los Sócrates; tantos héroes de la antigüedad, sin olvidar tampoco tantos generales y reyes, y con éstos los Eusodios, los Hiparcos, los Arquímedes y todos los personajes que se han distinguido por la cultura de su espíritu, la elevación de sus pensamientos y su amor al trabajo, por sus maldades y su presunción, por sus burlas acerca de la vida de los hombres, tan corta y efímera, por ejemplo Menipo[45], y otros muchos como él. Piensa en todos ellos y piensa también que hace mucho tiempo que han muerto. En resumen, ¿qué puede haber en esto de lamentable para ellos y, por consiguiente, para tantos y tantos, cuyos nombres han caído en el olvido?

En definitiva, sólo hay en este mundo una cosa digna de nuestros esfuerzos: practicar la verdad y la justicia y tratar con indulgencia a los mentirosos y a los hombres injustos en medio de los cuales vivimos.

48. Cuando quieras estar contento, piensa en las cualidades de los que viven contigo; por ejemplo, en la actividad de éste, en la modestia de aquél, en la generosidad del otro. No hay nada que alegre tanto el alma como la imagen de las virtudes que sobresalen en las costumbres de los que viven con nosotros. Procura, pues, tener siempre este cuadro ante los ojos.

49. ¿Acaso estás desolado porque pesas tantas o cuantas libras en vez de pesar trescientas? Pues no te apures tampoco si te quedan tantos o cuantos años de vida en vez de vivir mucho más. Del mismo modo que aceptas con resignación la cantidad de materia que te ha correspondido, resígnate también a la duración de tu vida.

50. Procura convencer a los demás por la persuasión, y siempre que la justicia te lo exija, cumple con tu deber, aun a despecho de ellos. Si recurren, no obstante, a la fuerza para impedírtelo, sopórtalo con paciencia, pues la violencia que emplean contigo despierta en ti otra virtud. Ten presente que tu propósito era únicamente condicional y que no pretendías lo imposible. ¿Qué te proponías? Hacer un esfuerzo hacia el bien. Pues has conseguido tu objeto. No porque nuestros esfuerzos sean contrariados dejan de ser esfuerzos.

---

[44] Nombres de médicos; los dos últimos nos son desconocidos. Filistión compuso, según se cree, los libros sobre la dieta que se encuentran en la colección de obras de Hipócrates.

[45] Filósofo cínico, nació en Gadara (Siria) y vivió un siglo antes de J. C. Escribió sus sátiras en prosa y verso. Por él se llaman «menipeas» todas las sátiras escritas de esta forma.

51. El hombre ambicioso de-gloria hace consistir su deber en la actividad ajena; el voluptuoso, en sus propias sensaciones; el sabio, en actos personales.

52. Respecto a tal o cual asunto, me es fácil reservar la opinión, y de este modo me evito el trastorno de la conciencia; porque las cosas no tienen por sí mismas la virtud de imponernos nuestros juicios.

53. Acostúmbrate a escuchar sin distracción todo lo que otro dice y a penetrar todo lo posible en el espíritu del que habla.

54. Lo que no es útil para la colmena no lo es tampoco para la abeja.

55. Si los marineros desobedecen al piloto y los enfermos al médico, ¿a quién van a obedecer? ¿Cómo podría aquél llevar a puerto seguro a los pasajeros y éste devolver la salud a los que cura?

56. ¡Cuántas personas con quienes había entrado en este mundo han desaparecido ya!

57. La miel para los que padecen de ictericia tiene un gusto amargo; los que han sido mordidos por un animal rabioso tienen miedo del agua y los niños encuentran linda la pelota más insignificante. ¿Por qué, pues, he de enfadarme? ¿Acaso te figuras que el error tiene menos influencia en el hombre que la bilis en el que sufre de la ictericia y el virus en el que está atacado de hidrofobia?

58. Nadie te impedirá vivir según los principios de tu naturaleza; como tampoco te sucederá nada que no esté dentro del orden del universo.

59. ¿A qué clase de personas quieren complacer estos individuos? ¿Qué es lo que pueden ganar en ello? ¿Cuáles son los medios que emplean? ¡Ah! El tiempo no tardará en tragárselo todo. ¡Cuántas cosas se ha tragado ya!

LIBRO VII

1. ¿Qué es el vicio? -Lo que has visto muchas veces. Así, pues, siempre que la ocasión se presente, di para tu interior. «Eso lo he visto muchas veces.» Por doquier, arriba como abajo, encontrarás parecidas maldades: abundan en las historias antiguas, modernas y contemporáneas: en las poblaciones y en las familias. No hay nada nuevo: todo es muy conocido y de corta duración.

2. ¿Por qué razón van a extinguirse tus principios si las ideas que corresponden a ellos y que debes sostener continuamente no se extinguen?

Soy libre de pensar lo que conviene para tal o cual objeto. Luego, si soy libre, ¿por qué confundirme? Todo lo que hay fuera de mi alma no tiene ningún imperio sobre ella. Piensa de este modo y vivirás con rectitud.

En tu poder está el revivir: vuelve a considerar las cosas como antes las considerabas; eso se llama revivir.

3. El placer de las representaciones pomposas es un placer frívolo: el espectáculo de las comedias en el teatro, el de un desfile de animales grandes y pequeños, el de los combates de gladiadores, ¿puede compararse al de los perros cuando se les arroja un hueso, al de los peces cuando se les echa un pedazo de pan y lo engullen, al de las hormigas transportando activamente su pesada carga, al de los movimientos ágiles de los ratones cuando se los espanta o al de los muñecos movidos por una cuerda? Luego si es preciso que asistas a aquellas representaciones, procura comportarte en ellas bondadosamente y sin arrogancia: has de tener presente, sin embargo, que la estima que merece cada individuo debe ser tal cual estimable es el objeto de su afección.

4. Interpreta bien las palabras en lo que se dice y las intenciones en lo que se hace. Procura adivinar por un lado el fin que se proponen y por otro el sentido exacto de las expresiones.

5. ¿Tengo o no tengo bastante inteligencia para hacer esta obra? Si tengo bastante, voy a servirme de ella como de un instrumento que la naturaleza universal ha puesto en mis manos; pero si no tengo bastante, voy a dejar la obra a quien pueda hacerla mejor que yo, no siendo ésta de mi exclusivo deber; o si no, la haré como pueda, tomando una ayuda que sea capaz de trabajar, bajo mi dirección, en una obra que las circunstancias o la utilidad pública me imponen. Porque todo lo que hago yo solo, o con ayuda de otro, debe tener únicamente por objeto el interés y el buen orden de la sociedad.

6. ¡Cuántos personajes célebres en otros tiempos han caído ya en el olvido! Y ¡cuánta gente que los celebraba ha desaparecido!

7. No te avergüences de que te ayuden. Tu deber es como el del soldado que sube a la brecha. ¿Qué harías tú, pues, estando herido en una pierna y no pudiendo subir solo, si esto te fuera posible con ayuda de otro?

8. ¡Que lo por venir no te atormente! Si necesario es, lo afrontarás con el auxilio de la misma razón que te ilumina en las cosas presentes.

9. Todas las cosas se hallan entrelazadas las unas con las otras, formando un encadenamiento sagrado, y quizá no haya ninguna que se halle independiente de la otra. Todas están subordinadas y su conjunto constituye la belleza del universo. Porque no hay más que un mundo que abraza todo, un solo Dios que está en todas partes, una materia elemental única, una ley que es la razón común de todos los seres inteligentes y una sola verdad, del mismo modo que sólo hay un estado de perfección para las criaturas del mismo género y para los seres que participan de la misma razón.

10. Todo lo que es material se confunde pronto con la masa de la sustancia universal; toda causa es absorbida en un instante en la razón universal; todo recuerdo se funde al instante en la eternidad.

11. Para el ser razonable, acción natural y acción razonable son una misma cosa.

12. Si no eres recto, enderézate.

13. La conexión que existe entre los miembros de un mismo cuerpo existe también entre los seres racionales, por muy distintos que sean unos de otros; porque han sido organizados para cooperar a una misma obra. Comprenderás mejor todavía este pensamiento si razonas de este modo: «Yo soy un miembro del cuerpo constituido por los seres racionales.» Pero si consideras sencillamente que formas parte de la sociedad humana es que no amas todavía de veras a todos los hombres; es que no experimentas aún verdadera satisfacción en practicar con ellos el bien; es que lo haces sólo por conveniencia; es que todavía no tratas a cada uno de ellos como a ti mismo.

14. Que venga de fuera lo que quiera a esos órganos que están propensos a tal o cual accidente. Que sufran; ya se quejarán, si quieren. Por mi parte, si creo que este accidente es un mal, yo todavía no estoy herido. Luego de mí depende el no creerlo.

15. Aunque digan o hagan lo que quieran, es preciso que yo sea hombre de bien, lo mismo que el oro, la esmeralda o la púrpura repetirían sin cesar: aunque digan o hagan lo que quieran, es preciso que yo sea esmeralda, que tenga mi brillo propio.

16. El espíritu, nuestro guía, no se turba jamás por su propio impulso, quiero decir que no se causa a sí mismo ningún temor y que no experimenta ninguna pasión. Algún agente extraño puede infundirle miedo o causarle pesar; pero por sí mismo, ni por sus propias opiniones, jamás se afectará. Que nuestro miserable cuerpo procure garantizarse contra el dolor, si puede, y si sufre, que se queje; pero nuestra pobre alma, que atormentamos y entristecemos, y que es la que se pronuncia en definitiva sobre lo que experimenta, que permanezca insensible. Mal podríamos persuadirla, en efecto, que hay en eso un peligro.

Mientras que nuestra alma se posea, es decir, en tanto que no se prive de sus recursos propios, se basta a sí misma. Por ello es impenetrable y libre, y si sufre algún trastorno, si tropieza en obstáculos, es porque así lo ha querido.

17. La felicidad consiste en poseer un buen espíritu y una recta razón. ¡Oh genio mío! ¿Qué haces tú, pues, aquí? Retírate, en el nombre de los dioses, del mismo

modo que has venido; porque no te necesito. Has venido según tu antigua costumbre; no te odio por eso; pero vete.

18. ¿Se teme el cambio de estado? Pero ¿acaso puede hacerse alguna cosa sin un cambio de estado? ¿Hay en esto alguna discordancia con el gusto y las costumbres de la naturaleza universal? Tú mismo, ¿podrás tomar un baño caliente si la leña no cambia de estado? ¿Podrás alimentarte si tus alimentos no se transforman? Por ventura, ¿puede hacerse algo útil sin una transformación? ¿Y no ves quizá que sucede en ti lo mismo que en los demás y que tu cambio de estado es igualmente necesario a la naturaleza universal?

19. Todos los cuerpos pasan como un torrente a través de la sustancia del universo. Con él han nacido y contribuyen a su obra, del mismo modo que nuestros órganos se ayudan mutuamente.

¡Qué de Crisipo, qué de Sócrates, qué de Epicteto se ha tragado ya la tierra! Piensa del mismo modo en lo tocante a otra persona o a otra cosa.

20. Sólo una cosa me atormenta, y es el temor de hacer algo contra la naturaleza del hombre, contra sus deseos o contra lo que deba hacer en las circunstancias actuales.

21. Un instante aún, y habrás olvidado todo; otro instante todavía, y todos te habrán olvidado.

22. Está en el deber del hombre el amar aun a los que le ofenden. El medio de conseguirlo lo hallarás fácilmente reflexionando que son para ti como hermanos; que si son culpables, no es a sabiendas, sino por ignorancia; que sin tardar mucho tiempo habéis desaparecido unos y otros; y, sobre todo, que no te han hecho ningún mal, puesto que no han vuelto a tu alma peor de lo que era antes.

23. La naturaleza universal emplea la materia común de todas las cosas como si fuese cera. Hace un momento ha modelado el cuerpo de un caballo, luego ha destruido su labor mezclándola a otros elementos para hacer un árbol, después ha obrado del mismo modo para hacer un hombre u otro cualquiera, y cada uno de estos seres sólo ha subsistido un instante. ¿Tiene eso algo de sorprendente? Más trabajo cuesta montar un cofre que deshacerlo.

24. La alteración de los rasgos causada por la cólera es seguramente contraria a la naturaleza. Si se reproduce a menudo, la fisonomía pierde su expresión, la tez acaba por marchitarse y no puede ya recobrar su brillo. Ve, pues, en esto una prueba de que la cólera es también contraria a la razón. Además, si esta pasión te hace perder el sentimiento de tus faltas, ¿para qué necesitas vivir más tiempo?

25. La naturaleza transformará sin tardanza todos los objetos que tienes a la vista; de su sustancia formará otros, y otros aún de la sustancia de éstos, de modo que el mundo tenga una juventud eterna.

26. Si llegara a suceder que alguien te faltase, pregúntate en seguida cuál es la opinión que ha debido hacerse de lo que es el bien y de lo que es el mal, para que haya podido incurrir en esa falta. Una vez edificado acerca de este punto, sólo experimentarás para con él un sentimiento de compasión, sin demostrar por eso ni asombro ni cólera. Es posible también que la opinión que tú mismo tengas sobre el

bien sea semejante o casi semejante a la suya; en este caso, debes perdonar. Y si su opinión acerca del bien o del mal no es precisamente la tuya, sólo debes mostrarte indulgente con un hombre que más que nada está ciego.

27. No pienses en las cosas que te faltan como si ya las tuvieras, sino elige entre las que posees las que más te gusten, y al considerarlas, pregúntate lo que harías para procurártelas si no las tuvieses. Sin embargo, guárdate muy bien de acostumbrarte a ellas y de apreciarlas hasta el punto de atormentarte si un día te llegaran a faltar a causa del placer que te proporcionan.

28. Recógete en ti mismo. Por naturaleza, la razón que te sirve de guía se basta a sí misma, siempre que practique la justicia. En estas condiciones, goza de una tranquilidad perfecta.

29. Borra en tu espíritu lo que sólo es pura imaginación. Domina el ímpetu de tus pasiones. Pon límite al tiempo presente. Reconoce lo que está convenido sea para ti o para otro. Distingue y separa en el objeto que te ocupa el principio de la sustancia. ¿Que alguien ha cometido una falta? Pues deja la falta donde está.

30. Que tu inteligencia siga atentamente todo lo que se dice y que penetre los hechos y sus causas.

31. Adorna tu alma con la sencillez, la modestia y la indiferencia para todo lo que ocupa el término medio entre la virtud y el vicio. Sé el amigo del género humano. Obedece a Dios; porque, según dice el poeta[46], «todo se halla sometido a sus leyes».

¿Y si no hay más que los átomos elementales? Entonces, basta con que recuerdes que todo se halla sujeto a leyes constantes, o, por lo menos, con muy pocas excepciones.

32. La muerte: O es una dispersión, si estoy compuesto de átomos, o la unión con mi principio; en todo caso, es una extinción o el paso de una vida a otra.

33. El dolor: Si es insoportable, mata; si dura mucho tiempo, es soportable. En este caso, el alma se repone y conserva su tranquilidad; y la razón, que es nuestra guía, no sufre ninguna alteración.

En cuanto a los órganos afectados por el dolor, que se quejen si pueden.

34. La gloria: Considera los pensamientos del vulgo; ve lo que son, de lo que se sustraen, los objetos a que se apegan y ten presente esta reflexión: así como las arenas de la orilla del mar se cubren con otras que traen las olas y éstas con otras todavía, del mismo modo sucede en este mundo: el presente borra en seguida las huellas del pasado.

35. *¿Crees tú que un individuo dotado de grandeza de alma y de una penetración suficientemente poderosa para contemplar a la vez la inmensidad de los tiempos y el conjunto de los seres puede considerar la vida humana como un bien extraordinario? -De ningún modo-dice. - Luego un individuo como este, ¿podrá pensar acaso que la muerte sea un mal? -Seguramente que no*[47].

---

[46] Se ignora a qué poeta se refiere.
[47] Platón: República, Lib. VI, 486 A.

36. Es de almas grandes considerarse pagado en calumnias del bien que se hace[48].

37. Es una vergüenza que el rostro obedezca y que se mantenga o se acomode al capricho del alma, como lo es también que el alma por sí misma no sepa mantenerse o acomodarse a su voluntad.

38. No conviene irritarse contra cosas que para nada toman en cuenta nuestra cólera[49].

39. *Sé para los dioses inmortales, así como para nosotros, un motivo de alegría*[50].

40. *La vida es segada como una espiga de trigo, unas veces en plena madurez, otras prematuramente*[51].

41. *Si los dioses me abandonan, y lo mismo a mis dos hijos, será por alguna razón*[52].

42. *El bien y la justicia están conmigo*[53].

43. No te lamentes con nadie ni con nadie te inquietes.

44. *Con mucha razón podría contestar a este individuo así: -¡Oh, amigo mío! Pretender que un hombre, aunque se ocupe de una cosa insignificante, debe calcular las probabilidades de vida o de muerte, sin limitarse a considerar en lo que hace si la acción es justa o injusta, y si es de un hombre de bien o de una mala persona, es hablar inconsideradamente*[54].

45. *Sí, atenienses, y esto es precisamente lo que sucede en realidad; si alguien se ha colocado de por sí mismo en un puesto que ha creído excelente, o si ha sido colocado en éste por el arconte, estimo que debe permanecer a toda costa, sin preocuparse de la muerte ni de otra cosa, excepto del deshonor*[55].

46. *No obstante, amigo mío, ten buen cuidado de que la honradez y el bien consistan únicamente en velar por la salvación de los demás y por la nuestra propia, pues la virtud no está en prolongar indefinidamente nuestra existencia. El hombre que es verdaderamente hombre debe dejar a las cosas seguir su curso sin apegarse a la vida; no obstante, acerca de este punto, debe confiarse a Dios y decir, como las mujeres, que no se puede sustraer a su destino. Es preciso, sobre todo, que examine con cuidado cuál es el mejor empleo que puede hacer del tiempo que ha de vivir*[56].

47. Contempla las evoluciones de los astros y piensa al mismo tiempo que evolucionas con ellos; y reflexiona continuamente cómo los elementos cambian unos en otros. Estas elevadas meditaciones purifican el alma de las mancillas de su vida terrestre.

48. Hermoso pasaje de Platón:

---

[48] Antístenes de Ciro, citado por Epicteto.

[49] Fragmento de Eurípides.

[50] Cita de un poeta desconocido.

[51] Fragmento de Eurípides.

[52] Platón: Apología, 28 B. (Cita equivocada, pertenece a un fragmento de Eurípides. Nota del Editor)

[53] Platón: Apología de Sócrates. Cita equivocada, pertenece a un fragmento de Eurípides. Nota del Editor)

[54] Platón, *Apología de Sócrates,* 28b. (Nota del Editor)

[55] Platón, *Apología de Sócrates,* 28d. (Nota del Editor)

[56] Platón: Gorgias. (En *Gorgias,* 512d. Nota del Editor)

Cuando se quiere hablar de los hombres, es preciso elevarse en cierto modo por encima de la tierra y observar desde lo alto lo que se extiende a la vista: muchedumbre, ejércitos, trabajos en los campos, matrimonios, divorcios, nacimientos, muertes, tumulto en los tribunales, comarcas desiertas, naciones bárbaras de todos los colores, regocijos, lamentaciones, ferias y mercados, la confusión de todo esto y la armonía del mundo formado de tantos y tan contrarios elementos[57].

49. Echa una ojeada hacia el pasado, hacia el trastorno de tantos estados poderosos, y de este modo podrás prever fácilmente lo que será el porvenir. El espectáculo será semejante; todo irá al mismo paso y en iguales condiciones que lo que en la actualidad sucede. Es, pues, indiferente ser espectador de la vida humana durante cuarenta años que por espacio de mil; porque, en resumen, ¿podrías ver algo más?

50. *Lo que proviene de la tierra vuelve otra vez a la tierra; pero lo que tiene un origen celeste torna luego a la esfera de los cielos*[58].

De otro modo, este fenómeno de la muerte es una separación de átomos que se hallaban adheridos entre sí; una dispersión de elementos desprovistos de sensibilidad.

51. *Recurren a manjares, a brebajes y a prácticas de magia para desviar el curso de las cosas y evitar la muerte.*

Pero el aliento de la divinidad los empuja a su voluntad; es preciso, pues, que se sometan en las penas y los gemidos[59].

52. Aunque algún otro sea luchador más hábil que tú, no debe importarte; no obstante, debes procurar que no sea más afable, más modesto, más resignado a los accidentes de la vida y más indulgente para los yerros del prójimo.

53. Desde el momento que una cosa puede ejecutarse conforme a la razón, que es la luz común a los dioses y a los hombres, no hay que temer las consecuencias. En efecto, en un asunto en que todo va bien y que se lleva a cabo mediante un plan preconcebido, puede ganarse algo; lo que está fuera de duda es que no hay nada que perder.

54. Por respeto a los dioses, en todo lugar y en cualquier ocasión depende de ti el aceptar voluntariamente lo que te sucede en la actualidad, tratando a los hombres según las reglas de la justicia y analizando cuidadosamente la idea que se presenta a tu espíritu, con objeto de que no se introduzca nada en ella furtivamente y sin examen.

55. No te preocupes de la opinión de los que te rodean, sino dirige más bien tus miradas hacia el objeto a que conduce la naturaleza: la del universo, por todo lo que te sucede de su parte, y al mismo tiempo la tuya, por las obligaciones que te impone. Todo ser debe obrar conforme a su condición; luego todos los seres han sido creados para ser razonables, como, desde luego, en todas las cosas lo que hay

---

[57] Platón: Pasaje perdido.
[58] Fragmento de Eurípides exponiendo las ideas de Anaxágoras.
[59] Autor desconocido.

de menos bueno se halla en relación con lo que hay de mejor. Los seres razonables han sido hechos los unos para los otros. Así, tenemos que el primer privilegio de la condición humana es la sociabilidad. El segundo es el saber resistir a las afecciones físicas; porque en un movimiento que emana de la razón y del alma, es harto peculiar circunscribirse en sus límites naturales y huir de la peligrosa influencia de los sentidos y de los apetitos desordenados, estos dueños soberanos del animal. Pero el alma reivindica para sí la supremacía y repudia su imperio; tiene derecho a ello, en efecto, puesto que si existen es para que haga de ellos sus servidores. El tercer privilegio de un ser racional es poder garantizarse contra cualquier error o falta. Que el espíritu preparado de este modo marche, pues, con rectitud; todo lo que pertenece a su naturaleza lo posee.

56. Como si hubieras muerto y el instante presente fuera el término de tu vida, es preciso que pases los que te quedan de acuerdo con la naturaleza.

57. Interésate únicamente por los acontecimientos que se hallen ligados a tu destino. ¿Acaso puede haber algo más interesante?

58. Siempre que te ocurra algún accidente, piensa en otros semejantes que les han ocurrido a los demás antes que a ti, y que han provocado su indignación, su asombro y sus maldiciones. ¿Qué ha sucedido de ellos? Ya no existen. ¿A qué asunto, pues, obrarías de igual modo? ¿No vale más abandonar estas demostraciones intempestivas a los individuos que desmoralizan y están desmoralizados y reunir todos tus esfuerzos con el fin de sacar provecho aun de estos mismos accidentes? De esta manera encontrarías una buena ocasión de practicar tu virtud. En todo lo que hagas procura merecer tu propia estimación acordándote de las dos condiciones esenciales. En cuanto al objeto mismo de tu acción, no debe importarte mucho.

59. Busca dentro de ti mismo. Ahí está el manantial del bien, tanto más inagotable cuanto más se profundiza.

60 Es necesario que el cuerpo conserve una actitud firme y que ni en sus movimientos ni en sus gestos se note la menor descompostura; la expresión de seriedad y decoro de un alma noble comunicada al rostro debe reflejarse en todo el individuo. No obstante, se debe huir de cualquier afección.

61. La ciencia de la vida tiene más relación con el arte de la lucha que con el arte de la danza, porque es preciso estar siempre preparado a sostener con firmeza asechanzas súbitas e imprevistas.

62. Considera con frecuencia lo que son las personas cuya aprobación tratas de obtener y cuál es el espíritu que las guía; porque, penetrando hasta el origen de sus opiniones y de sus deseos, o las perdonarás si se engañan por ignorancia o podrás pasarte sin su aprobación.

63. *El alma, a pesar de ser el alma, se halla privada de la verdad, dice el filósofo*[60]. Luego, siendo así, el alma se halla también privada de justicia, de templanza, de humanidad

---

[60] Platón: El Sofista.

y de cualquier otra virtud semejante. Es preciso, pues, no olvidar esto, y de este modo serás cada vez más indulgente para con tu prójimo.

64. Cuando experimentes algún dolor, ten presente que no es un oprobio, que no envilece el alma que te gobierna y que no la altera ni en su sustancia ni en sus atributos de sociabilidad.

Por otra parte, en la casi totalidad de los casos en que sufras, puedes recordar este pensamiento reconfortante de Epicuro: *En los sufrimientos no hay nada eterno ni imposible de soportar, si consideras que todo tiene límites y si no añades a ello tus prejuicios.* Acuérdate también de esto: que hay muchos contratiempos, un tanto semejantes al dolor, que nos causan una irritación oculta; por ejemplo, la somnolencia importuna, el excesivo calor, la falta de apetito. Si estas molestias te apesadumbran, puedes decir que sucumbes al dolor.

65. Guárdate siempre de testimoniar a las personas insociables el humor que éstas testimonian a los demás.

66. ¿En qué nos fundamos para presumir que Telaugio[61] no era más virtuoso a fondo que Sócrates? Que Sócrates haya muerto más gloriosamente, que haya mostrado más sutileza en sus discusiones con sólo sofistas, más resistencia contra el frío durante las noches pasadas en el vivac o más grandeza de alma al negarse a cumplir la orden de prender al habitante de Salamina[62], y que se haya paseado luego con orgullo por las calles, hecho que daría que pensar si no fuese calumnioso, no basta; el punto que se debe examinar es éste: ¿Cuál era el alma de Sócrates? ¿Acaso fundaba únicamente su felicidad en la práctica de la justicia para con los hombres y de la piedad para con los dioses, sin indignarse inútilmente contra el vicio ni ensalzar hipócritamente la ignorancia de nadie, sin desconcertarse en lo más mínimo por los accidentes relacionados con el orden general del mundo, o considerándolos como superiores a sus fuerzas y sin confiar nunca su corazón a las viles sensaciones de la carne?

67. La naturaleza no te ha unido a la carne tan íntimamente para que no puedas disponer de ti mismo y ejercer libremente las funciones que sólo dependen de tu ser. Puede suceder, en efecto, que un hombre divino sea al mismo tiempo un hombre desconocido para todos. Acuérdate siempre de esta verdad, así como de esta otra: el arte de vivir dichoso requiere pocos conocimientos. Admitiendo que no tengas ya esperanzas de llegar a ser un dialéctico o un filósofo, ¿es quizá esto una razón para que desconfíes de ser un hombre libre, modesto, sociable y resignado a las voluntades de Dios?

68. Puedo vivir libremente en la plenitud de los goces del alma, aun cuando se empeñaran los hombres en llenarme de injurias y aunque las fieras hiciesen añicos los miembros de esta masa de carne que me cubre. En estos momentos, ¿puede

---

[61] Hijo de Pitágoras y maestro de Empédocles, de quien Esquines el socrático ha dado el nombre a uno de sus diálogos.
[62] León de Salamina: véase Apología de Sócrates.

haber algo, acaso, que impida a mi espíritu que guarde su tranquilidad, juzgar cuerdamente lo que sucede a mi alrededor y sacar un provecho inmediato de todo lo que se presente? Así, pues, mi razón puede decir entonces al accidente: «En realidad, tú no eres más que esto, aunque la opinión te presente como otra cosa»; y mi provecho puede también decir: «Te buscaba.» Porque lo que sucede es siempre materia de virtud para mí en cualidad de ser racional y sociable, y, en general, materia para la obra del hombre o de Dios. En efecto: todo lo que sucede se relaciona con Dios o con el hombre; no hay nada nuevo ni difícil de manejar; todo es conocido y de sencilla ejecución.

69. La perfección de las costumbres consiste en obrar cada día como si debiera ser el último, es decir, sin agitación, sin abandono y sin hipocresía.

70. Los dioses, que son inmortales, no se indignan de tener que soportar sin descanso y durante muchos siglos a los hombres tal cual son y a tan gran número de malvados como existe. Aún más: los rodean de toda clase de cuidados. Y tú, que tan corta vida tienes, te sublevas, y eso que eres uno de tantos malvados.

71. Es verdaderamente extraordinario que no te sustraigas a tu propia malignidad, pudiendo, y que trates de sustraerte a la malignidad de los demás, siendo una cosa imposible.

72. Lo que el alma, potencia razonable y social, encuentra extraño a la inteligencia y al interés de la sociedad, está, con justa razón, muy por encima de su cometido.

73. Cuando practicas el bien y alguien ha aprovechado tu buena obra, ¿quieres más? Por ventura, ¿esperas otra cosa, como los insensatos: la reputación de hombre bienhechor o un testimonio de reconocimiento?

74. No hay quien se canse de recibir favores. Luego si hacer un favor es llevar a cabo un acto conforme a la naturaleza, trata de favorecerte a ti mismo al favorecer a los demás.

75. La naturaleza del universo ha obedecido a su propio movimiento al crear el mundo. Por consiguiente, todo lo que sucede ahora es una consecuencia necesaria de sus primeras voluntades; pues, de lo contrario, el dueño soberano del mundo hubiera colocado en él, sin reflexión y a la ventura, hasta las criaturas que figuran en el primer orden y por las cuales vela tan particularmente. Este pensamiento te tranquilizará en hartas ocasiones, si procuras recordártele.

LIBRO VIII

1. He aquí una reflexión que puede ayudarte también a desterrar la vanidad: si has practicado las máximas de la filosofía toda tu vida o, por lo menos, desde tu juventud primera, hacerlo no ha dependido de ti, pues muchas personas saben, y tú mismo también, que has estado muy lejos de ello. Hete aquí, pues, confundido; desde ahora en adelante ya no te será fácil adquirir el honroso título de filósofo: tu situación misma te lo impide. Luego si juzgas bien el estado de las cosas, no te preocupes más de la reputación que hubieras podido dejar después de la muerte y conténtate con pasar el resto de tus días tal como tu naturaleza lo desea. Que tu aplicación te lleve a conocer los deberes que el espíritu te impone y que por ningún pretexto te apartes de este estudio. Has querido buscar la felicidad en esta vida, y ¿por cuántos caminos no te has extraviado? En los sofismas de las escuelas, en las riquezas, en la gloria, en los placeres, en ninguna parte has podido encontrarla. ¿Dónde está, pues? En la práctica de las acciones que la naturaleza del hombre exige. ¿Y el medio de practicarlas? Ateniéndose siempre a los principios que son el origen de nuestros deseos y de nuestras acciones. Pero ¿cuáles son estos principios? Los que engendran los verdaderos bienes y los verdaderos males, es decir, los que nos hacen discernir que sólo es bueno en el hombre lo que le hace justo, moderado, valeroso, libre; y que sólo es malo lo que produce en él efectos contrarios a estas bellas cualidades.

2. Antes de llevar a cabo cualquier acto, pregúntate: ¿En qué puede serme útil? ¿No llegaré a arrepentirme? Dentro de unos instantes ya no existiré; todo habrá desaparecido para mí. ¿Qué puedo esperar más, si mi acto presente es digno de un ser inteligente, sociable y sometido a la misma ley que Dios?

3. ¿Quiénes son Alejandro, Cayo, César y Pompeyo en comparación de Diógenes, de Heráclito y de Sócrates? En efecto: éstos penetraban las cosas a fondo, en sus principios y en su sustancia, y por nada se trastornaba el equilibrio de su alma. Por el contrario, los primeros, ¡cuántos cuidados, qué esclavitud!

4. No, no dejarás de hacer lo mismo, aunque te costara la vida el hacerlo.

5. Desde luego, no te preocupes, porque todo acaece según las leyes de la naturaleza universal. Tu misma persona, antes de lo que te figuras, se habrá desvanecido en este mundo, como la de Adriano, como la de Augusto. Después, mira detenidamente, examina con mucho cuidado el objeto que te llama la atención y acuérdate al mismo tiempo de que es preciso que seas hombre de bien. Aquello que la naturaleza del hombre te exige puedes hacerlo sin titubear. Di lo que a tu parecer sea más justo, pero siempre con dulzura, modestamente y sin disimulo.

6. La misión de la naturaleza del universo es de trasladar allá lo que está aquí, de cambiarlo de estado y, en fin, de volverlo a quitar de este sitio para llevarlo a otro. Todo es una mudanza continua. Vive, pues, sin miedo, que no sucederá nada nuevo ni extraordinario: todo se halla repartido en justa proporción.

7. El ser, en general, se encuentra satisfecho cuando lleva a cabo las funciones que le están encomendadas. Luego, para que el ser razonable lleve bien a cabo sus funciones, es preciso que no admita en sus pensamientos incertidumbres ni falsedades; que dirija únicamente sus esfuerzos hacia un fin útil a la sociedad; que no manifieste ni deseos ni temores, si no es en lo que dependa de nosotros mismos, y que acepte con resignación la suerte que le haya sido asignada en la naturaleza de la cual forma parte, como la hoja lo forma también de la planta. En cuanto a esto, hay, sin embargo, una diferencia: porque lo hoja forma parte de un ser desprovisto de sentimiento y de razón y expuesto a sufrir múltiples violencias, en tanto que el ser humano depende de una naturaleza que no admite sujeciones, que en ella todo es inteligencia, todo es justicia, y que distribuye a cada individuo, equitativamente y según el puesto que ocupa en la sociedad, una parte de duración, de materia, de razón, de fuerza y de accidentes. Sin embargo, has de tener en cuenta que no hallarás esta distribución equitativa comparando un individuo con otro en particular, sino que habrás de comparar toda una especie con el conjunto de otra.

8. No te es posible aprender todo de la lectura; pero puedes abstenerte de cualquier acto de violencia; puedes sobreponerte al placer; puedes despreciar la vanagloria; puedes evitar el irritarte contra los malvados e ingratos; ¿qué digo?, hasta puedes prestarles servicios.

9. Que nadie te oiga quejarte desde ahora de la vida de la corte ni de la tuya.

10. El arrepentimiento es una especie de reproche que se hace uno a sí mismo por haber despreciado algo útil. Luego es preciso que el verdadero bien sea asimismo algo útil y que un hombre virtuoso y honrado consagre a ello todos sus esfuerzos. El hombre verdaderamente honrado y virtuoso no podrá arrepentirse de haber despreciado la voluptuosidad: por consiguiente, la voluptuosidad no es ni útil ni un bien.

11. Esto, ¿qué es en sí mismo por su propia constitución? ¿Cuál es su sustancia y cuál su materia? ¿Dónde empieza su acción? ¿Qué hace en este mundo? ¿Cuánto tiempo durará?

12. Cuando te cueste trabajo abandonar el lecho, acuérdate de que una de las prerrogativas de tu organización particular y de la naturaleza humana consiste en dedicarse a ocupaciones útiles a la sociedad y que si continúas durmiendo tendrás esta semejanza con el bruto. Desde luego, todo lo que se halla de acuerdo con la naturaleza de cada individuo le sienta mejor, le presta mayor servicio y hasta más apropiado a sus gustos.

13. A medida que te venga un pensamiento a la imaginación, considera, a ser posible, su naturaleza, su carácter moral y la parte de verdad que puede contener.

14. Cuando vayas a conversar con alguien empieza por preguntarte a ti mismo: «¿Cuáles serán las opiniones de este individuo acerca de los verdaderos bienes y de los verdaderos males?» Porque has de tener presente que si hay ciertas opiniones acerca del placer y del dolor, de las causas de uno y otro, del honor y del deshonor, de la vida y de la muerte, no debes maravillarte y encontrar extraño que haga esto o lo otro.

Recordaré, pues, que no puede dejar de obrar tal como lo hace.

15. Si ridículo es encontrar extraño que una higuera dé higos, no lo es menos asombrarse de los acontecimientos que continuamente se repiten en el mundo. Es lo mismo que si un médico y un piloto se extrañasen, el uno, de que su enfermo tuviese fiebre y, el otro, de que su navío navegara con el viento contrario.

16. Ten presente que aun cambiando de parecer forzosamente y obedeciendo al que te corrige, no por eso dejas de ser libre, porque tu acción, siendo un efecto de tu voluntad y de tu discernimiento, proviene directamente de tu alma.

17. Si el acto depende de ti mismo, ¿por qué lo haces? Si depende de otro, ¿a quién podrás pedir cuentas: a los átomos o a los dioses? Sería esto una verdadera locura en cualquiera de ambos casos. ¿Quizás a un hombre? No tienes por qué dirigirle ningún reproche. Si, en efecto, puedes conducirle por el buen camino, condúcele; si no te fuera posible, corrige sencillamente el acto. Y si aun esto no estuviera a tu alcance, ¿por qué habrías de quejarte? Ten en cuenta que no debe hacerse nada en vano.

18. Lo que muere no cae fuera de este mundo. Luego si permanece en él, tiene forzosamente que transformarse y disolverse en sus elementos, que son los del mundo y los tuyos propios. En consecuencia, estos elementos se transforman, pero no mueren.

19. Todos los seres han sido creados para un objeto: el caballo, la vid, por ejemplo. ¿No te parece muy natural? El sol te dirá: «He sido creado para hacer tal cosa», y los demás dioses te dirán lo mismo. Pero ¿y tú? ¿Para qué has sido creado? ¿Acaso para divertirte? Ve, pues, por ti mismo, si esta respuesta tiene sentido común.

20. La naturaleza ha considerado igualmente el principio, la duración y el fin de cada una de sus obras. Ha hecho lo mismo que el que juega a la pelota. Si la pelota ha sido lanzada en el aire, ¿es un bien para ella? Si, por el contrario, desciende y cae a tierra, ¿es quizá un mal? ¿Es un bien para una burbuja de aire cuando permanece en la superficie o un mal cuando estalla? Idéntica comparación puede hacerse hablando de una lámpara.

21. Considera este cuerpo bajo todos sus aspectos; examina bien lo que es y lo que han hecho en él la vejez, la enfermedad y el libertinaje.

Vivir poco tiempo, tal es la suerte del que celebra y del que es celebrado, del que evoca un recuerdo y de aquel cuyo recuerdo se evocó. Además, la vida se pasa en un rincón de este mundo, y aun en este ángulo estrecho los hombres no se hallan nunca de acuerdo. ¿Qué digo? El hombre no está de acuerdo consigo mismo, y en el espacio, la tierra entera no es más que un punto.

22. Cuídate bien de lo que tienes entre manos, de lo que piensas, de lo que haces y de lo que quieres dar a entender.

No experimentas en vano estas inquietudes; tú quieres ser virtuoso, pero mañana mejor que hoy.

23. Si llevo a cabo un acto, lo hago pensando en el bien de la humanidad; si me sucede algún accidente, lo acepto teniendo en cuenta que viene de los dioses y del origen de todas las cosas y de todos los acontecimientos.

24. ¿Qué ves en el baño que tomas? Grasa, sudor, agua sucia, cosas repugnantes. Pues lo mismo ves en cada una de las circunstancias de tu vida y en todo lo que está al alcance de tu vista.

25. Lucila ha enterrado a Vero; más tarde, a Lucila le llega su turno; Segunda, a Máximo, y en seguida a ella; Epitincán, a Diótimo, y luego Epitincán; Antonino, a Faustina, y después él; Celer, a Adriano, y al poco tiempo Celer; y siempre lo mismo. En cuanto a esos hombres que tenían tanto talento, tan gran previsión o tanto orgullo, ¿dónde están? Aquellos genios sutiles, tales como Clarax, Demetrio el platónico, Eudemo y tantos otros[63] que han existido, ¿qué ha sido de ellos? Sólo han durado un día; todos han muerto ha mucho tiempo. Algunos no han dejado ni siquiera un recuerdo; de otros, sólo su nombre ha pasado a las leyendas, y la mayor parte, hasta de las leyendas ha desaparecido. Acuérdate, pues, de esto: el compuesto insignificante de tu ser tiene que dispersarse y el débil principio de tu vida habrá de apagarse o emigrar y ocupar un puesto en otro sitio.

26. No hay nada que colme tanto de alegría al hombre como el hacer lo que es propio de la naturaleza humana. Luego es propio en el hombre amar a sus semejantes, despreciar todo lo que afecta a los sentidos, distinguir lo fingido de lo verdadero, observar cuidadosamente la naturaleza universal y acatar todos los acontecimientos que las leyes nos aporten.

27. Tengo tres analogías: una con el medio que me rodea; otra con la causa divina, de donde procede todo lo que sucede a los seres en general, y la tercera con los que viven conmigo.

28. O el dolor es un mal para el cuerpo (¡en este caso que se queje!) o lo es para el alma. Pero depende de ésta el guardar la presencia de espíritu y la tranquilidad que le son propias y no admitir que sea un mal. En efecto: todo lo que es discernimiento, voluntad, deseo y aversión reside dentro de nosotros mismos y ningún mal puede penetrar hasta allí.

29. Borra de tu pensamiento lo que sólo es pura imaginación y háblate interiormente así: «En este mismo momento sólo depende de mí el que no exista en mi alma ningún vicio, ninguna pasión, en una palabra, ningún desorden; para esto me basta únicamente con ver cada cosa tal como es y hacer de ella el uso que merezca.» Acuérdate de este poder del cual estás investido por la naturaleza.

30. Hablar en el Senado con más dignidad que elegancia, y lo mismo en las conversaciones particulares; emplear un lenguaje sincero.

31. La corte de Augusto, su mujer, su hija, sus nietos, sus yernos, su hermana Agripa, sus parientes, sus cortesanos, sus amigos, Ario[64], Mecenas, sus médicos, sus

---

[63] No podemos asegurar quiénes son estos Demetrio y Eudemo a que se refiere. Segunda, Epiticán, Diótimo y Clarax nos son desconocidos.
[64] Filósofo, amigo de Augusto.

arúspices, todo ha sido segado por la guadaña de la muerte. Torna luego tus miradas por otro lado: ve, no la muerte de cada individuo en particular, sino la de toda la familia de Pompeyo, por ejemplo. Lee también este epitafio en los mausoleos: «Aquí yace el último de su estirpe.» ¿Cuánto no trabajaron los antiguos por dejar un heredero de su nombre? No obstante, ha sido necesario que uno de sus descendientes quedara el último y que con él desapareciese toda su raza.

32. Es preciso que ordenes tu vida acto por acto; y si cada uno de ellos lo haces como debe hacerse a ser posible, puedes estar satisfecho. Luego nadie puede impedirte que obres como debes. -¿Y si se sobrepone algún obstáculo extraño?- preguntarás, acaso. -No; nada puede impedirte que seas, por lo menos, justo, moderado y razonable. -¿No habrá, quizá, otra circunstancia que me arrebate cualquier medio de obrar?-dirás todavía. -En este caso, resígnate ante el obstáculo mismo; obra como te esté permitido, sin recriminar, y de ello provendrá luego otra acción, que entrará, igualmente, en el plan de vida que debes seguir.

33. Recibir sin orgullo los favores de la fortuna; perderlos sin lamentarse.

34. Acaso hayas visto alguna vez una mano, un pie o una cabeza cortados y separados por completo del resto del cuerpo; pues precisamente es la imagen del que se niega a aceptar los accidentes de la vida en lo que de él depende y se desliga del mundo o causa algún perjuicio a la sociedad. Obrando así te has arrojado fuera del seno de la naturaleza; al venir al mundo formabas parte de ella, y ahora te has apartado. No obstante, a ti te queda el recurso de poder volver a reunirte con ella, privilegio que Dios no ha concedido a ninguna otra parte integrante de la naturaleza; éstas, una vez cortadas y separadas, no pueden ya unirse al todo. Ve, pues, cuán grande es la Bondad Suprema al haber dotado al hombre de una prerrogativa tan noble. En primer lugar, te ha concedido la facultad de no separarte por completo de la sociedad de los seres, y luego, la de reunirte a ese gran cuerpo, arraigar en él y ocupar el puesto que te corresponde.

35. Cada uno de los seres racionales ha recibido de la naturaleza las facultades que su condición puede admitir; hay una particularmente que todos hemos recibido. Así como la naturaleza aparta y dispone todo aquello que parece ser un obstáculo para el cumplimiento de sus designios, de igual modo el ser racional tiene la facultad de adaptar el obstáculo al bien y hacer uso de él para su conducta.

36. No te alarmes ante la idea que te formas de tu vida entera. No consideres en conjunto las dolorosas pruebas de todo género que, sin duda, habrás de sufrir, sino a medida que las vayas experimentando dirígete esta pregunta: «¿En qué consiste o qué es lo que en este momento me es imposible soportar?» La contestación te avergonzará seguramente. Ten en cuenta, luego, que no son ni el porvenir ni el pasado los que nos apenan, sino el presente. Luego las penas presentes no son casi nada si las reduces a su intensidad real y si te reprochas a ti mismo el no poder soportar una carga tan liviana.

37. ¿Están sentados todavía Pantea o Pérgamo cerca de la tumba de Vero, y Cabrias o Diótimo[65] en la de Adriano? ¡Curiosas preguntas! Empero, aun cuando estos libertos estuvieran sentados allí todavía, ¿se darían cuenta de ello los muertos? Y suponiendo que pudiesen notarlo, ¿se alegrarían acaso? ¿Serían por eso inmortales esos libertos? El destino de todos, hombres y mujeres, ¿no es el de envejecer y luego morir? Y cuando éstos mueran, ¿qué será de los que vengan después? Todo esto no es más que hediondez y putrefacción dentro de un sudario.

38. Si eres capaz de ser claro, sé claro en tus juicios poniendo en ellos toda la prudencia posible.

39. En la constitución de un ser racional no conozco ninguna virtud que se oponga a la justicia; pero sí conozco una en oposición a la voluptuosidad: la continencia.

40. Si logras separar de lo que al parecer te aflige la opinión que te haces de ello, estarás tú mismo en completa seguridad. -¿Quién? ¿Tú mismo? -Tu razón. -Pero yo no soy únicamente rozón. -De acuerdo; pero que tu razón no se atormente, y si alguna otra parte de tu ser se halla afligida, que haga lo que la incumba.

41. Un impedimento en los apetitos es igualmente un mal para la naturaleza animal. En el reino vegetal, cualquier impedimento en la vegetación es un mal para la planta. Y de igual modo un impedimento cualquiera en la inteligencia es un mal para la naturaleza inteligente. Aplícate, pues, a ti mismo todas estas consideraciones. ¿Que sufres algún ataque de dolor o de placer? Esto sólo tiene que ver con los sentidos. ¿Que tropiezas con algún impedimento en la satisfacción de tus deseos? Si los has formado sin condición ni reserva, es un mal para ti como ser racional. Pero si consideras el impedimento como un hecho común y ordinario, no podrá herirte, y en este caso no será ya impedimento para ti. Si tu espíritu no lleva a cabo las funciones que le están encomendadas, nadie, sino tú, se lo impide. En efecto: ni el fuego, ni el hierro, ni un tirano, ni la calumnia, ni nada, en una palabra, puede hacer presa en él; cuando se encierra en sí mismo, forma una especie de esfera cuya superficie es inalterable[66].

42. No debo causarme pesar a mí mismo, ya que jamás se lo he causado a nadie, o por lo menos a sabiendas.

43. Unos se regocijan de una cosa, otros de otra; el mayor gozo para mí sería si lograse poseer una guía razonable que no tuviese aversión por ningún hombre ni por nada de lo que con ellos se relacione; pero que mirara y acogiese todo con benevolencia, sin dar a ningún objeto más valor de lo que tuviese en realidad.

44. Procura, pues, aprovecharte únicamente del presente. Aquellos que tratan sobre todo de dejar un nombre a la posteridad no quieren creer que los hombres del porvenir serán exactamente iguales a los que hoy les soportan a duras penas, y que

---

[65] Pantea era la manceba de Vero; Pérgamo era uno de sus libertos. Diótimo es el mismo de quien habla en el capítulo XXV. Cabrias es desconocido.
[66] Véase más adelante, Lib. XII, III, el verso de Empédocles al cual hace alusión.

unos y otros serán mortales. Además, ¿qué pueden importarte las vanas aclamaciones de esas gentes y la opinión que lleguen a formar de ti?

45. Llévame y arrójame adonde quieras. El genio que reside en mí permanecerá por doquier tranquilo; quiero decir que estará contento si piensa y obra como lo exige la condición humana. ¿Es, acaso, conducente que mi alma sufra y se degrade, que se humille, se agobie y caiga en la consternación por una cosa tan insignificante? ¡Cómo! ¿Quizá creas que merezca la pena?

46. No puede suceder nada a ningún hombre que no sea accidental en él; como tampoco puede suceder nada a un buey que no sea accidental al buey; ni a una vid lo que no sea accidental en la vid; ni a una piedra lo que no sea accidental a la piedra. Por consiguiente, si lo que sucede a cada uno de los seres es un caso ordinario e inseparable de su existencia, ¿por qué razón habrás de indignarte? Ten, pues, en cuenta que la común naturaleza no ha hecho insoportables las cosas excepcionalmente para ti.

47. Si te afliges por una cosa que está fuera de tu alcance, no es la cosa precisamente lo que te aflige, sino la idea que tú te formas; luego en ti está el borrar esta idea de tu espíritu. Si lo que te apesadumbra es una secreta disposición de tu alma, ¿quién te impide corregir tu opinión, que es la causa de ello? Del mismo modo, si estás triste por no poder hacer tal o cual cosa, que a tu parecer está de acuerdo con la sana razón, ¿por qué no haces un supremo esfuerzo en vez de entristecerte? -Una fuerza superior me lo impide-dirás acaso. -No te lamentes, pues, porque la causa que te impide obrar no depende de ti. -La vida es un oprobio si no hago esta acción-replicarás todavía. -En este caso sal de la vida con tanta tranquilidad como tiene al morir el que la ha hecho, y, al mismo tiempo, perdona a los que te han obligado a ello.

48. Ten presente que el espíritu que te guía se vuelve invulnerable cuando se recoge en sí mismo; escucha sólo a él y haz únicamente lo que él te ordene, aun cuando sea por una loca obstinación. ¿Qué será, pues, si, guiándose sólo de la razón, ha formado una opinión firme después de maduro examen? De este modo, el alma, libre de toda pasión, es una especie de ciudadela. El hombre no podrá jamás encontrar un asilo donde se halle más seguro de huir para siempre del poder de un dueño. El que no conoce este asilo ha sido mal instruido y el que, conociéndole, no se refugie en él, es un miserable.

49. No agregues nada a la impresión primera de tus sentidos. Que te anuncian que un tal o un cual habla mal de ti: te anuncian esto, pero no te dicen que te han herido. Veo que mi hijo está enfermo: en efecto, pero no veo que el peligro sea inminente. Atente siempre a la primera imagen que presenten todos los objetos sensibles; no agregues nada interiormente y no habrá lugar a emocionarte. Figúrate más bien lo que debe pensar de estos objetos un hombre instruido y al corriente de todo lo que suele suceder en el mundo.

50. ¿Que este cohombro está amargo? Déjalo. ¿Que hay espinos en el camino? Apártate. Basta con esto; y no digas, sobre todo: «¿Por qué se halla en el mundo tal o cuál cosa?», pues servirías de mofa al hombre que ha estudiado la naturaleza, del mismo modo que se burlarían de ti el carpintero y el zapatero a quienes les afearas el dejar a la vista en sus talleres las virutas y los recortes de su trabajo. Sin embargo, éstos tienen sitios donde guardar los desperdicios, en tanto que la naturaleza del universo no tiene nada que se halle fuera de sí misma. Precisamente, lo que más te debe admirar es el arte de la naturaleza, que, sin haberse asignado más límites que los propios, cambia y aprovecha todo lo que le parece corrompido, viejo o inútil, para hacer nuevas producciones. La naturaleza no necesita materia extraña ni lugar para verter lo que se desperdicia. Ella sola se basta y encuentra todo lo necesario: lugar, materia y arte.

51. Obra sin negligencia. En tus conversaciones no seas difuso. No divagues en tus pensamientos. Evita, asimismo, el aspecto taciturno y las agudezas de ingenio. No consumas tu vida en los negocios.

Que matan, que asesinan, que llenan de maldiciones (a los emperadores), ¿acaso puede impedirte todo esto el que conserves un alma pura, sabia, prudente y justa? Supongamos que un manantial de agua pura y cristalina fuese maldito por un transeúnte: el manantial no por eso dejaría de dar un agua excelente; y si arrojase en él basura o lodo, pronto haría desaparecer estas inmundicias sin que su agua se alterara. ¿Cómo harías tú para poseer interiormente un manantial inagotable como éste? Vigilándote a ti mismo continuamente para proteger tu libertad, y con ésta, tu bondad, tu sencillez y tu dignidad.

52. El que ignora que hay un mundo, ignora dónde está; el que ignora para qué ha nacido, ignora qué clase de ser es y lo que es el mundo. Y el que carece de cualquiera de estos conocimientos, no está ni siquiera en disposición de decir para qué ha nacido. Ahora bien: ¿qué dirás del que teme la vituperación o busca las alabanzas y los aplausos de esos individuos que no saben ni dónde viven ni qué clase de seres son?

53. ¿Pretendes ser alabado por un hombre que se maldice a sí mismo tres veces en una hora? ¿Quieres complacer a un individuo que aun consigo mismo es desagradable? ¡Cómo! ¿Acaso puede agradarse a sí mismo un hombre que se arrepiente de todo lo que hace?

54. No te limites a respirar en común el aire que te rodea, sino comienza a inspirarte en común del espíritu de cuya inteligencia se halla rodeado el universo. Esta inteligencia soberana se extiende por doquier y se comunica a todo ser que tiene la facultad de atraérsela hacia sí, tan fácilmente, como el aire que circula en los pulmones de todos los seres que respiran.

55. El vicio, generalmente considerado, no causa ningún perjuicio al universo; y considerado aparte, no es un mal para los demás. Sólo es perjudicial a quien tiene la facultad de contrarrestarle oponiendo una firme voluntad.

56. La voluntad de mi prójimo es tan diferente de la mía como su alma y su cuerpo. La naturaleza nos ha hecho indudablemente los unos para los otros; sin

embargo, la razón que nos guía tiene su dominio aparte en cada uno de nosotros. De lo contrario, la perversidad de mi prójimo sería un mal para mí: Dios no lo ha permitido, por temor de que dependiese de la voluntad de otro el hacer un desgraciado.

57. El sol parece fundirse en claridad; lo que hay de cierto es que pasea su luz por todos los ámbitos del universo. Pero no se agota, y su difusión no es más que una extensión. Por eso, en griego, sus rayos se denominan "aktinés", del verbo "ekteinesthai", que quiere decir extender. Ahora bien: ¿qué es un rayo? Puede uno formarse la idea de lo que es observando la luz del sol que penetra en una habitación oscura por un pequeño agujero: primeramente se dirige en línea recta, pero al tropezar con el cuerpo sólido que separa la habitación oscura del aire exterior se divide, por decirlo así, y lo que queda afuera se detiene, sin escurrirse ni caer. Así, pues, deben ser exteriormente la confianza y la función de tu alma. Ésta debe llegar hasta los objetos sin disiparse ni tropezar con violencia o impetuosidad contra los obstáculos que encuentra y sin que nada pueda derribarla. Es preciso que se detenga sencillamente y que ilumine todo aquello que sea susceptible de que sus rayos penetren. En cuanto a los corazones impenetrables, que se entiendan por sí solos, si se ven privados de claridad.

58. El que tiene miedo a la muerte, tiene miedo de verse privado de todo sentimiento o de tener otros distintos. Mas si no tiene ningún sentimiento, no sentirá, por consiguiente, ningún mal, y si adquiere otra facultad de sentir, será un ser de diferente especie y no cesará de vivir.

59. Los hombres han sido hechos los unos para los otros. Instrúyeles, pues, o sopórtalos.

60. La flecha y el espíritu vuelan, aunque no de igual modo. El espíritu siempre toma mil precauciones, considerando el objeto sobre todos sus aspectos y yendo más directamente y con mayor seguridad al fin que se propone.

61. Penetra hasta el interior del corazón de cada uno y permite también que todos puedan penetrar hasta el interior del tuyo.

LIBRO IX

1. Cometer una injusticia es cometer una impiedad. La naturaleza universal ha creado, en efecto, todos los seres racionales para que se presten mutuo apoyo en tanto que su dignidad se lo permita y para que no se causen el menor perjuicio con ningún pretexto. Tal ha sido su designio; aquel que lo desconociere faltará evidentemente al respeto de la más antigua de las divinidades.

Mentir es cometer también otra impiedad con la misma diosa; porque la naturaleza universal es la madre de todos los seres, y éstos se hallan unidos entre sí por estrecho parentesco. Además, a la naturaleza universal se la denomina con razón la Verdad, puesto que es el origen de todo lo verdadero. El que miente intencionadamente comete una impiedad, porque, al engañar, hace una injusticia; y el que miente sin querer comete también otra, porque deshace la armonía establecida por la naturaleza universal y perturba el orden, contrariando la naturaleza del mundo. Se la contraría, en efecto, empleando falsedades aun en contra de nuestro propio corazón, ya que éste ha recibido de la naturaleza un sentimiento de aversión por lo falso, y que, precisamente por no haberlo tenido en cuenta, no puede establecer ahora la diferencia que existe entre lo verdadero y lo falso.

Es un impío, asimismo, el que busca los placeres como si fueran verdaderos bienes y huye de los dolores como de verdaderos males. Hay quien critica a la común naturaleza el haber repartido injustamente los bienes entre los buenos y los malos, puesto que sucede muchas veces que los malos gozan de todos los placeres y adquieren abundantemente todo aquello que puede procurárselos, en tanto que los buenos se ven acosados de dolores y sometidos a los más duros trances. En primer lugar, el que teme los dolores temerá también todo lo que debe sucederle un día en este mundo, demostrando con esto que es un impío, y en segundo, el que busca sin cesar los placeres de los sentidos no se arredrará ante una injusticia, y esto es la impiedad manifiesta. Luego es preciso que el que quiera conformarse al orden de la naturaleza tiene que mirar con indiferencia todas las cosas que ha hecho igualmente ésta; porque no las habría hecho asimismo si no hubiesen sido del todo iguales a su parecer. Por consiguiente, es un impío el hombre que no considere con la misma indiferencia los placeres y los dolores, la vida y la muerte, la gloria y el olvido, cosas éstas que la naturaleza universal envía indistintamente a los buenos y a los malos.

Cuando digo que la común naturaleza las envía sin distinción, quiero decir que llegan indiferentemente según el orden y la relación de todo lo que debe ocurrir, en virtud de cierto movimiento primitivo que la Providencia imprimió cuando, en una época determinada, estableció definitivamente este arreglo, después de haber concebido por sí misma las combinaciones de todo lo que debía existir y de haber sembrado por doquier los gérmenes y los principios de los distintos seres, de sus transformaciones y de la sucesión en el mundo en que vivimos.

2. El hombre verdaderamente virtuoso debe salir de esta vida sin haber conocido ni la mentira, ni el disimulo, ni la molicie, ni la ostentación. Pero a falta de una virtud semejante, hay otra: la de morir aborreciendo estas miserias. ¡Cómo!

¿Preferirías corromperte en el vicio? ¿No te ha persuadido todavía la experiencia de que debes huir de tal peste? Porque la corrupción del alma es una peste mucho más perniciosa que la intemperie y la insalubridad del aire. Esto es una epidemia para el animal, únicamente como animal, en tanto que la otra es la epidemia del hombre como hombre.

3. No desprecies la muerte, sino considérala sin sobresalto y como una de las obras de la Naturaleza. Si es un hecho natural el llegar a la adolescencia y envejecer luego, el crecer y adquirir la plenitud de las fuerzas, el tener dientes, más tarde barba y finalmente cabellos blancos, el procrear, el llevar un niño en su seno y después darle a luz; en una palabra: el pasar por todas las condiciones y todas las fases de la vida, también es un hecho semejante el caer en la nada. Cuando se trata de la muerte, el hombre reflexivo no debe mostrar ni temor, ni indignación, ni desdén; al contrario, debe esperarla como otra obra más de la Naturaleza. Así como aguardas pacientemente el hijo que tu mujer lleva en su seno, acepta de igual modo y con resignación la hora en que el alma se escapa de su envoltura. Y si quieres aún otro consejo reconfortante aunque vulgar, si quieres hallar casi una satisfacción en la muerte, echa una ojeada hacia los objetos de que va a rescatarte, hacia las malas costumbres con que tu alma dejará de estar en contacto. No obstante, no debe uno irritarse contra los malvados; es necesario soportarlos con benevolencia y hasta interesarse por ellos; sin embargo, has de tener presente que la muerte, al arrancarte de una sociedad de individuos que no tienen los mismos principios que tú, es para ti más bien una redención. Si por acaso hubiera alguno capaz de tenerte en este mundo y de apegarte a la vida, sería únicamente por la esperanza de pasar tus días con un hombre que practicara fielmente tus propias máximas. ¿No ves cuán penosa es para ti la necesidad de vivir en la sociedad actual, debido a la incompatibilidad de costumbres? Forzosamente tienes que decirte: «¡Oh muerte, date prisa a venir, no sea que llegue a olvidarme de mí mismo!»

4. El que peca, peca contra sí mismo; el que comete una injusticia se perjudica también a sí mismo, puesto que se convierte en un malvado.

5. A veces es uno tan injusto no haciendo nada como haciendo algunas cosas.

6. Sí en el momento presente te hallas penetrado de la verdad de tus principios, ocupado únicamente en acciones útiles a la sociedad y dispuesto con toda tu alma a recibir todo lo que llega o emana de la causa suprema, te basta, y todavía puedes estar muy contento.

7. Acalla tu imaginación, retén los movimientos de tu corazón, apaga tus deseos y procura que tu alma sea dueña de sí misma.

8. Una misma especie de alma ha sido reservada a los animales desprovistos de razón y una misma alma inteligente ha sido destinada a los seres racionales. Así no hay más que una sola tierra para todos los seres terrestres, una sola y misma luz, un solo y mismo aire respirable para todos los seres que, como nosotros, ven y respiran.

9. Todos los seres que tienen alguna afinidad entre ellos sienten una propensión a asociarse, como seres que son de la misma especie. Todo lo que es terrestre se inclina hacia la tierra por su propio peso; lo que es líquido «procura mezclarse con los líquidos, y lo mismo ocurre con los fluidos aeriformes. Sólo permanecen separados cuando se les retiene con algún obstáculo y a viva fuerza. El fuego se eleva hacia el cielo atraído por el fuego elemental, y éste está siempre presto a confundirse con los fuegos terrenales. Así todas las materias secas se inflaman con rapidez porque no contienen nada que impida su inflamación. Lo mismo ocurre con todo ser que participe en común de la naturaleza inteligente. Se dirige con tanto o más ardor hacia aquello que es de su especie. Cuanto más un ser es superior a los demás, mayor tendencia siente a unirse y asociarse íntimamente con su semejante. Así, entre los seres irracionales, han existido siempre los enjambres de abejas, las grandes manadas, las bandas de pájaros. Sociedades formadas por un cierto amor, porque estos seres poseen una misma especie de alma. Pero esta propensión a unirse en sociedad es principalmente privilegio del ser superior y no se encuentra al mismo grado en la planta, en la piedra o en la madera. Los seres racionales se constituyen en gobiernos, forman familias, amistades, asambleas. Hasta en los tiempos de guerra, pactan capitulaciones y treguas. En fin, entre los seres todavía más perfectos reina, a pesar de la distancia que los separa, cierta unión, como, por ejemplo, entre los astros. Por muy alejados que estén los unos de los otros, experimentan, en virtud de su misma perfección, una recíproca simpatía.

Considera ahora lo que actualmente ocurre. Los seres racionales son los únicos que han olvidado esta mutua afección, esta concordia y atracción común. Ya no se ven ejemplos.

Mas los hombres pueden procurar huir; la naturaleza, más fuerte que ellos, los alcanza y los detiene.

Si observas bien de cerca, verás la verdad de lo que te digo. Sería más fácil encontrar un cuerpo terrestre separado de la tierra que hallar un hombre que haya roto toda relación con la humanidad.

10. Y el hombre, Dios y el mundo, producen su fruto. Cada cual lo produce en su tiempo. La costumbre no aplica naturalmente la palabra "fruto" sino a la viña y a otras plantas semejantes, pero no por eso es menos verdad. La razón produce su fruto para la sociedad, como también para la persona del hombre. Y de ahí nacen otros frutos de la misma especie que la razón.

11. Perfecciona los hombres si puedes, y, si no puedes, recuerda que para ellos te ha sido dado el sentimiento de benevolencia. Los mismos dioses tratan con indulgencia a esos extraviados, y su bondad es tal que les ayudan a procurar muchas cosas; por ejemplo, la salud, la riqueza, la gloria. Te es fácil además ser benévolo; dime si no: ¿quién te lo impide?

12. Trabaja, no como un miserable ni con el deseo de hacerte compadecer o admirar: no desees más que una cosa y es que no haya en tu vida ni acción ni reposo que no se aplique al interés de la sociedad.

13. Hoy he salido de todo embarazo, o mejor dicho, he arrojado de mí todo embarazo; pues no estaba en torno mío; estaba en mi opinión.

14. Todos estos objetos nos son familiares a causa de su frecuente uso, pero bien pronto serán destruidos por el tiempo; la materia que los compone es de origen grosero: todos están hoy como estaban en tiempos de aquellos a quienes hemos enterrado.

15. Los objetos permanecen tal cual son, aislados de nosotros. No se conocen ellos mismos y no nos revelan sus propiedades. ¿Quién nos descubre esas propiedades? El espíritu, nuestro guía.

16. Lo que constituye un mal o un bien para un ser racional y sociable no depende de las sensaciones que experimente, sino de la fuerza activa puesta en juego; lo mismo que sus virtudes y sus vicios no consisten en simples afecciones, sino en una fuerza que acciona y reacciona.

17. La piedra lanzada en el aire ha caído de nuevo. Esto no es un mal para ella, como no es un bien el haber ido muy alto.

18. Penetra en el fondo del corazón de esos hombres y verás qué jueces temes y qué jueces son para ellos mismos.

19. Todas las cosas están en estado de transformación. Tú mismo sufres una alteración continua y una especie de agotamiento. Lo mismo ocurre con todo el universo.

20. La falta ajena hay que dejarla donde está.

21. Cuando una acción termina y un deseo, un pensamiento se evaporan, hay una especie de muerte sin la sombra de un mal.

Ahora piensa en los períodos de la vida, en la infancia, en la adolescencia, en la juventud, en la vejez. El paso de uno a otro período es una verdadera muerte. ¿Y hay algo en esto de temible?

Piensa ahora en los años que has pasado con tu abuelo, después con tu madre, luego con tu padre. Enfrente de otros muchos acontecimientos que, en el curso de tu vida, han originado diferencias, cambios, mudanzas de estado, pregúntate a ti mismo: ¿ha habido en eso nada de temible?

Lo mismo será la muerte: cesación, interrupción o cambio de toda la existencia.

22. (¿Acaban de ofenderte?) Inmediatamente piensa en tu alma, en la del universo, en la de ese hombre. En la tuya, para inculcarle el espíritu de justicia; en la del universo, para recordar el conjunto del cual formas parte; en la de ese hombre, para saber si ha obrado por ignorancia o con intención premeditada. Considera al mismo tiempo que, como hombre, es tu hermano.

23. Lo mismo que tu personalidad de jefe hace del estado un cuerpo entero, cada una de tus acciones debe procurar mantenerlo en perfecta integridad. Así, pues, si una sola de tus acciones se separa de cerca o de lejos de este objetivo, aísla tu vida de la del estado. Ya no formas con él un solo todo; tu vida es sediciosa como lo es el hombre que, formándose un partido en una república, destruye su armonía.

24. Disputas de niños, juegos de niños, almas que solevantan los cadáveres, a fin de hacer más emocionante la evocación de los Manes[67].

25. Procura conocer la calidad del principio activo de cada cosa y, haciendo abstracción de lo que es material, obsérvalo atentamente. Determina en seguida cuánto tiempo, a lo sumo, este principio particular debe subsistir según el orden de la Naturaleza.

26. Has sufrido innumerables penas por no haber sabido limitarte a seguir los consejos de tu razón, ese guía que cumple fielmente la misión para la cual fue creado. Ya es bastante.

27. Cuando seas objeto de la censura, del odio o de la maldición de ciertos hombres, ve directamente a su alma, penetra en su fuero interno y mira lo que son. Reconocerás que no vale la pena incomodarte para hacerles formar otra opinión de ti. Sin embargo, hay que desearles bien, pues la naturaleza ha hecho tus amigos. Además, los dioses les ayudan de todas maneras por medio de los sueños y los oráculos para hacerles adquirir hasta esos falsos bienes que con tanta inquietud ambicionan.

28. Las cosas de este mundo son siempre las mismas; van y vienen a su vez las unas abajo, las otras arriba, de generación en generación. Es posible que la inteligencia del Universo obre sobre cada ser particularmente: Si es así, sométete a sus impulsos. Mas tal vez ha dado una vez para siempre movimientos al conjunto y este movimiento se comunica sin interrupción a todos los seres y a su organismo, pues en verdad todo no es sino átomos y elementos indivisibles. De cualquier manera, si existe un Dios, todo está bien, y si todo marcha al azar no te dejes como el resto llevar al azar.

Bien pronto la tierra nos cubrirá a todos: después la misma tierra cambiará; todo tomará otras formas en el infinito, y todavía otras. Que se reflexione en estas transformaciones, en estas alteraciones que se suceden como las olas rápidamente y no sentiremos más que una profunda indiferencia por todo lo que es mortal.

29. El principio activo del universo es un torrente que arrastra en su curso todos los seres. ¿Que hago poco caso de esos mezquinos personajes políticos que tienen la pretensión de dirigir como filósofos todos los negocios? ¡Qué prodigiosa inepcia!

¡Oh hombre! ¿Qué haces? Confórmate a lo que la Naturaleza exige en la situación presente. Prueba oportunamente a corregir los otros con tal que lo hagas sin ostentación. Pero no esperes jamás poder establecer la república de Platón. Conténtate si consigues hacer a los hombres un poco mejores: esto ya no es poco, puedes creerlo. Porque, en fin, ¿quién les hace cambiar de opinión? Y sin este cambio, ¿qué harás? Esclavos que gemirán de su servidumbre, hipócritas bajo la máscara de obediencia. Y ahora, háblame de un Alejandro, de un Felipe, de un Demetrio de Falera. ¿Han conocido lo que exigía de ellos la común naturaleza? ¿Se han gobernado a sí mismos? Esto es cosa suya. Mas si no han hecho más que ruido

---

[67] Por Ulises, en la Odisea, al principio del canto XI.

sobre la escena del mundo, yo no estoy condenado a imitarles. Simple y modesta es la obra de la filosofía. ¡Jamás induce a tomar aires afectuosos y solemnes!

30. Contempla desde la altura esas innumerables multitudes, esos millares de ceremonias religiosas, esas navegaciones de todo género, bajo la tempestad o en la calma de los mares, esa diversidad de seres que nacen, viven juntos un poco y mueren. Piensa en los que vivieron antes que tú en otros reinos, en los que vivirán después de ti y los que viven en las naciones bárbaras. ¡Cuántos de ellos ignoran hasta tu nombre! ¡Cuántos lo habrán olvidado bien pronto! ¡Cuántos, que tal vez hoy te bendicen, te maldecirán mañana! ¡Ah! ¡Cómo esta fama, esta gloria, todo cuanto es vanidad es despreciable!

31. Conserva la tranquilidad del alma, cuando lo que te ocurre proviene de una causa exterior. Confórmate a la justicia en lo que se produce por un motivo que emana de ti; es decir, en toda intención, acción, no te propongas otro objeto que el bien de la sociedad, finalidad eminentemente en relación con la naturaleza.

32. Te es fácil desterrar lejos de ti mil preocupaciones, causas de inquietud, puras quimeras que ocupan tu imaginación. A fin de librarte y conquistar el campo libre, lanza una mirada sobre el conjunto del mundo: represéntate la duración infinita de los tiempos, observa el rápido cambio de cada ser, en particular. ¡Qué corto espacio entre su nacimiento y su disolución! ¡Qué abismo de siglos antes de su nacimiento! ¡Qué otro abismo insondable de siglos después que haya desaparecido!

33. Todos los seres que tienes a la vista caerán bien pronto convertidos en polvo y los que los habrán visto caer, caerán convertidos en polvo a su vez. Así entre el que muere en la extrema vejez y el que en la flor de la edad es llevado, existirá igualdad.

34. ¡Qué espíritu el de esos hombres! ¡Qué miserias y qué cosas a las cuales conceden importancia y que te valen su amistad y sus reverencias! Mira el fondo de su alma como si estuviese desnuda. Esta gente imagina que somos entristecidos por sus censuras, o halagados por sus elogios. ¡Qué presunción!

35. La pérdida de la vida no es otra cosa que un cambio de estado. No hay en eso más que un juego de la naturaleza universal que tan bien lo hace todo. En todo tiempo lo ha hecho así y continuará haciéndolo hasta el fin de los siglos. ¿Por qué dices que todo ha estado y estará siempre mal? ¿Que tantos dioses no han tenido bastante poder para corregir ese desorden y que el mundo ha sido condenado a males perpetuos e incurables?

36. La descomposición de la materia que constituye un cuerpo cualquiera produce agua, polvo, huesos y basuras. El mármol no es más que una simple callosidad e la tierra. El oro y la plata, simples sedimentos; esta ropa, pelo de animal; el color púrpura, sangre: todo el resto tiene un fondo análogo. Hasta el mismo elemento incorporal no es de naturaleza diferente, puesto que pasa de un ser a otro.

37. Basta de existencia miserable, basta de murmuraciones y muecas ridículas. ¿Qué es lo que te turba? ¿Qué hay de nuevo en lo que te sucede? ¿Qué te desalienta?

¿Es la causa primera? Considérala en ella misma. ¿Es la materia? Considera su estado. Fuera de una y otra no existe nada más. En el porvenir, muestra a los dioses un corazón más simple y más honrado.

Haber conocido el mundo durante cien años o durante tres, es absolutamente lo mismo.

38. ¿Ha cometido una falta? Para él es el mal. Pero tal vez no la haya cometido.

39. O bien todo lo que sucede proviene de un solo origen inteligente, en vista de un solo cuerpo y la parte no debe quejarse de lo que se hace para el todo, o bien no es más que el efecto de un torbellino de átomos que se dispersan al azar y nada más. ¿Por qué alarmarte? Di a tu Guía interno: «Has muerto; ya no eres lo que eras; te has convertido en una bestia feroz; a pesar de todas las apariencias, te mezclas con las manadas y te sacias como un bruto.»

40. O los dioses no tienen poder alguno, o son todopoderosos. Si no tienen ningún poder, ¿para qué dirigirles súplicas? Pero si son todopoderosos, ¿por qué no les ruegas que te concedan el favor de no experimentar ni temor, ni deseo, ni penas, ocurra lo que ocurra, en lugar de pedirles que tal cosa suceda o no suceda? Porque, en fin, si los dioses pueden venir en auxilio de los hombres, pueden muy bien concederles este favor.

Pero tal vez dirás: «Gracias a los dioses soy dueño de mis sentimientos.» Si es así, ¿no vale más disponer de lo que de ti depende y conservar tu libertad que atormentarte por lo que está fuera de tu poder y te sujeta a una baja servidumbre? Pero ¿quién te ha dicho que los dioses no vienen en nuestra ayuda hasta para aquello que depende de nosotros? Empieza, pues, por implorar su socorro especialmente con este objeto y tú verás. He aquí un hombre que ruega diciendo: «Que yo pueda conseguir! que esta mujer sea mi amante.» Tú dices: «Que yo pueda no desear esta mujer como amante.» Otro dice: «Que yo pueda librarme de esta carga » Tú dices: «Que yo no tenga necesidad de librarme.» Otro: «Que yo no pierda mi querido hijo.» Tú: «Que yo pueda no temer su pérdida.» En una palabra, dirige tus súplicas en ese sentido, y verás el resultado.

41. Epicuro dice: «Durante mi enfermedad ya no llevaba la conversación a los sufrimientos de mi cuerpo miserable. Con las personas que venían a verme, no tenía tales asuntos de conversación, sino que les hablaba de mis meditaciones sobre las cuestiones más importantes en el estudio de la Naturaleza. Me afanaba sobre todo en hacerles ver cómo nuestra alma, sin ser insensible a las emociones de la carne, podía estar exenta de confusión y mantenerse en el goce tranquilo del bien que le es propio. No daba ni aun a los médicos ocasión de tomar ese aire de suficiencia que hace creer que prestan servicios inapreciables: los recibía con serenidad y calma.»

Toma ejemplo de este filósofo, no solamente durante una enfermedad, si la tienes, sino en todo accidente de la vida. Pues hay una obligación común a todas las sectas filosóficas, y es de no separarte jamás de sus principios, por desagradables que sean las circunstancias, de evitar los comentarios frívolos de un vulgar ignorante, mal iniciado en el estudio de la naturaleza, a fin de fijar únicamente su atención sobre lo que se hace en el momento presente y sobre el instrumento empleado para hacerlo.

42. Cuando alguno te haya ofendido por su impudor, hazte inmediatamente esta pregunta: «¿Es posible que en el mundo no haya imprudentes? No; eso no es posible.» No pidas, pues, lo imposible. Ese hombre es uno de esos imprudentes que necesariamente debe tener el mundo. En cuanto al trapacero, al traidor, en una palabra, al culpable, cualquiera que sea, hazte la misma reflexión. Acordándote que es imposible que no existan gentes de esa especie, tendrás más indulgencia para cada uno de ellos. Es también de grande utilidad preguntarte en primer lugar qué virtud la naturaleza ha dado al hombre para defenderse contra las faltas ajenas. Le ha dado, en efecto, la dulzura como preservativo contra la brutalidad, y por decirlo así, diversos antídotos, los unos contra un defecto, los otros contra otro. Después de todo, sólo de ti depende poner en buen camino a quien está extraviado. Pues todo hombre que falta a su deber yerra el objeto que se había propuesto: se ha equivocado de camino. Además, ¿en qué te ha podido perjudicar la ofensa? Investiga, y encontrarás que ninguno de los que han provocado tu indignación ha podido, a pesar de todo, alterar las cualidades de tu alma; y sólo en eso consiste el verdadero mal y el daño. ¿Qué mal hay para ti o qué hay de extraño en que un hombre sin educación se comporte como las gentes de su clase? Ten cuidado de no tener más bien que reprocharte a ti mismo el no haber esperado de tal hombre tal ofensa. Era una cosa probable; la luz de tu razón debía hacértelo presumir: sin embargo, es por no haber pensado que te extrañas de su falta. Sobre todo, cuando tienes que quejarte de la perfidia de un hombre, o de su ingratitud, lanza una mirada sobre ti mismo. Pues, sin duda, falta tuya es haber creído que un hombre sin fe sería fiel, o haber tenido, al hacer el bien, otro objeto que hacerlo y gustar en el momento mismo todo el fruto de tu buena acción. Has prestado servicio a un hombre; está bien; ¿qué más quieres? ¿No te es suficiente haber obrado conforme a tu naturaleza? ¿Necesitas por eso un salario? Es como si el ojo pidiese una recompensa porque ve, o los pies porque marchan. En efecto, lo mismo que esas partidas del cuerpo que han sido organizadas para un fin especial y que obrando según su organización no hacen más que la función que les es propia, lo mismo el hombre, habiendo sido creado para ser bienhechor, no hace sino las funciones de su organización particular cuando hace bien a alguien o contribuye a procurarle ventajas exteriores. Entonces habrá cumplido su misión.

LIBRO X

1. ¡Oh alma mía! ¿Vendrá un día que tú seas buena e inocente, siempre lo mismo y completamente desnuda, todavía más al descubierto que el cuerpo que te envuelve, un día en que tú no experimentes sino sentimientos de afectos y amor? ¿Vendrá un día en que te halles plenamente satisfecha, sin ninguna necesidad y sin ninguna pena, en que tú no desees nada, ni animado ni inanimado, donde encuentres alegrías, nada, ni el tiempo para que los placeres sean más largos, ni. un lugar o país preferido, o un aire más dulce para respirar o una sociedad más en armonía con tus gustos; sino, al contrario, amoldándote a tu situación te gustaría todo cuanto existe, persuadida de que tienes todo cuanto te es necesario, que todo va bien para ti, que no hay nada que no venga de los dioses, que todo cuanto quieren mandar y lo que mandarán no puede ser sino bueno para ti y en general para la conservación del Mundo, este ser animado que es en todo perfecto, bueno, justo, hermoso, que produce, abarca, contiene todos los demás seres y recibe en su seno a todos cuantos se disuelven para reproducir otros semejantes? ¿Vendrá un día en que tú puedas vivir ante los dioses y ante los hombres sin proferir una sola queja contra ellos y sin que puedas ser censurado?

2. Observa lo que exige tu naturaleza, como ser sometido a la naturaleza vegetativa, y también confórmate y déjate llevar de sus exigencias, con tal que tu naturaleza sensitiva, como animal, no sea alterada. En seguida, es necesario que observes lo que exige tu naturaleza sensitiva, como animal, y que no deseches ninguna de sus exigencias, al menos que tu naturaleza, como ser racional, no sufra alguna alteración, y quien dice ser racional dice también ser sociable. Sigue sin variar estas reglas de conducta y no te molestes en buscar otras.

3. O la naturaleza te ha dado bastantes fuerzas para soportar todo cuanto te suceda o no te ha dado las suficientes. En el caso de que tengas bastantes para soportar lo que te suceda, no te indignes, sino llévalo con naturalidad; y si el accidente está por encima de tus fuerzas, ten paciencia, porque al consumirte él también se consumirá. Sin embargo, ten presente que, por tu naturaleza, puedes soportar todo lo que es susceptible de volverse tolerable y soportable, considerando para ello tu verdadero interés y tu deber.

4. Si se equivoca, corrígele con afecto, haz que reconozca su error; pero, si tú no puedes convencerle, no acuses a otro, sino a ti mismo, o no te acuses.

5. Aquello que te sucede estaba preparado para ti desde el comienzo de los siglos; la combinación de los hechos estaba ya formada de antemano para traerla y hacerla coincidir con tu existencia.

6. Bien se admita la reunión fortuita de átomos o bien la naturaleza particular, es preciso sentar primeramente que yo soy una parte del Todo que está regido por la naturaleza universal; después, que existe cierta analogía entre mí y las partes que son de mi especie. Penetrado de este pensamiento, que soy una parte del Todo, no recibiré de mala voluntad nada de cuanto me esté reservado; porque aquello que es útil al Todo no puede ser perjudicial a la parte, y no hay nada en el Todo que no les

sea esencialmente útil. Esto es de un carácter común para todos los seres; pero, además, la naturaleza del universo tiene el privilegio de no estar obligada por ninguna causa exterior a engendrar aquello que la pueda perjudicar. Del mismo modo, recordándome que soy una parte del universo tal como existe, me someto con gusto a todo cuanto me acontezca; y puesto que existe cierta afinidad entre mí y las partes que son de mi especie, no haré nada que sea perjudicial para la sociedad; ¿qué digo?; me ocuparé particularmente de mis semejantes, dirigiré toda mi actividad hacia todo aquello que contribuya al bien general, evitando cuanto le sea contrario. Del cumplimiento del deber, así comprendido, resulta necesariamente una vida dichosa. Para darte una idea, figúrate la dulce existencia de un hombre que, en todas sus acciones, no piense sino en el bien de sus conciudadanos, prestándose con gusto a todo cuanto la ciudad le imponga.

7. Las partes del gran Todo, quiero decir todas aquellas que están comprendidas en el mundo visible, es necesario que se corrompan, y por esta palabra entiendo alterarse para formar otros seres. Si digo que esto es para ellas un mal, y un mal necesario, entonces este mundo no estaría bien regido, estando sus partes sujetas a las alteraciones y hechas de una manera o de otra para corromperse. ¿Es que la naturaleza habrá querido expresamente deteriorar las partes que la componen, someterlas al mal, crearlas para hacerlas caer inevitablemente; o bien todo esto pasará sin que ella lo sepa? Ni la una ni la otra hipótesis son admisibles.

Luego, admitamos que alguien, sin mencionar el nombre de la naturaleza, diga solamente: «Las partes del mundo están hechas de esta manera.» ¡Cuán grande no sería su ridiculez! Es contradictorio convenir que las partes del mundo están hechas para cambiar de forma, y lo es el extrañarse y hasta afligirse de estos cambios como si fuesen hechos contra la naturaleza, sobre todo cuando se ve cada ser reducirse a los elementos de que está constituido. Porque la corrupción produce, o la dispersión de los elementos del cuerpo, o su transformación; aquello que es sólido cae a tierra y todo cuanto es volátil se evapora en el aire; ambos elementos vuelven de nuevo a la masa del universo para ser consumidos un día con él o para renovarle por continuas vicisitudes.

Pero no te imagines que estos elementos sólidos y volátiles del cuerpo existiesen en él desde su concepción; porque todos ellos son de ayer o del día anterior, y sólo provienen de los alimentos y de la respiración. Esto es, pues, lo que cambia y no lo que la madre ha echado al mundo.

8. Cuando te hayas dejado conceder los adjetivos de bueno, modesto, sincero, prudente, paciente, magnánimo, procura no merecer todos los contrarios, y si llegaras a perder el derecho a tan lisonjeros calificativos, trata de recuperarlos cuanto antes. Pero no olvides que la palabra "prudencia" significa para ti la costumbre de examinar cuidadosamente y sin distracción la naturaleza de cada objeto; la de paciencia, la conformidad espontánea a todo cuanto la Naturaleza común te da en su reparto; la de magnanimidad, la elevación del alma por encima de todas las

impresiones agradables o desagradables de la carne, de la vanagloria, de la muerte y de todas las demás.

Luego si te esfuerzas por merecer estos títulos, sin desear que los otros te los concedan, entonces cambiarás por completo y conseguirás una nueva vida; porque permanecer lo mismo que hasta aquí, continuar esta existencia en que el alma se deja hostigar y envilecer, es ser harto insensato y vil esclavo de la vida; esto es, parecerse a los gladiadores que, medio devorados en un combate contra las fieras y cubiertos de heridas, de sangre y de polvo, piden, sin embargo, que se les reserve hasta el día siguiente para ser entregados a las mismas garras y los mismos dientes. Entra, pues, en el camino que conduce a la posesión de este reducido número de títulos, y, si puedes permanecer en él, permanece con tanto júbilo cual si hubieses sido llevado a un sitio comparable a las islas de los Dichosos[68]. Pero si juzgas que la posesión de estos hermosos nombres no te pertenece, que no tienes la suficiente fuerza para poseerlos, ten por lo menos valor para retirarte a algún rincón del mundo, donde te sea posible ser dueño de ti mismo; o bien, apártate por completo de esta vida, sin ira ninguna; al contrario, con sencillez, como hombre libre y prudente, que por lo menos habrá hecho una buena acción abandonando la vida con sentimientos tan nobles. Además de esto, tendrás siempre un medio poderoso de no apartar nunca de tus pensamientos el recuerdo de estos nombres, asociando también a ellos el recuerdo de los dioses, y teniendo presente que lo que quieren no son alabanzas, sino más bien hallar sus vivientes imágenes en todos los seres dotados de razón. Piensa, por último, que ellos quieren asimismo que la higuera cumpla con el deber de higuera, el perro con el de perro, la abeja con el de abeja y el hombre con el de hombre.

9. La farsa de la vida, una guerra, un pánico, un entorpecimiento, la esclavitud borrarán insensiblemente cada día en tu corazón todas estas santas máximas que ves un momento y dejas luego a un lado sin profundizar las lecciones de la Naturaleza.

Es preciso ver y obrar en todo de tal manera que lo que se deba hacer se haga bien; que la acción no excluya la observación ni tampoco esta confianza en sí mismo que resulta del conocimiento de las cosas, sentimiento secreto y que, sin embargo, no puede ocultarse. ¿Cuándo disfrutarás del placer de la sencillez, de la gravedad, de una noción clara acerca de cada uno de los seres en particular hasta el punto de poder decir lo que es esencia, qué lugar ocupa en el mundo, qué duración le está asignada por la Naturaleza, de qué partes se compone, quién puede disponer de él y, en fin, quién tiene la facultad de quitarle o de ponerle?

10. La araña se enorgullece de haber cazado una mosca. Lo mismo sucede entre los hombres: uno está orgulloso por haber cogido un lebrato, otro un pececillo en la red, éste jabalíes, aquél osos y tal otro sármatas. Este último y sus congéneres, ¿no son acaso unos bandoleros? Examina bien sus principios.

---

[68] Islas legendarias en donde reinaba la dicha perpetua. Los poetas las colocaban en el océano Atlántico.

11. Ten por norma el contemplar las transformaciones de todos los seres, unos en otros, pon en ello toda tu atención y entrégate por completo a este ejercicio. No hay mejor que esto para inspirar al alma sentimientos nobles: así se destaca del cuerpo. El que piensa que pronto ha de abandonar todo al abandonar a los hombres se somete sin reserva a las leyes de la justicia en todo cuanto de él dependa, y a las de la naturaleza en los demás casos. Lo que puedan decir y pensar de él o hacer en contra suya no le pasa por la mente; limítase sólo a estas dos reglas de conducta: practicar la justicia en todos sus actos presentes y aceptar resignadamente lo que la naturaleza le ha reservado. Fuera de esto, y como lo demás no le interesa, camina derecho, según la ley, y sigue a Dios, que es quien le ha trazado la ruta.

12. ¿Para qué se han de formar conjeturas cuando se ve a las claras lo que se debe hacer? Si por tu parte lo ves, camina en pos de tu ideal, tranquilamente y sin mirar hacia atrás, y si no lo ves, vuelve de tu resolución y sigue los consejos de otras personas más competentes. Si se te presenta todavía algún obstáculo en la marcha, reflexiona bien y, según las circunstancias, sigue conformándote a lo que te parezca más justo. Este es el fin preferible, puesto que al tratar de conseguirlo no se expone uno a caer. Aquel que en todas las cosas sigue a la razón, sabrá conciliar la lentitud con la vivacidad necesaria y el buen humor con la gravedad.

13. Tan pronto como te despiertes, pregúntate: «¿Tendrás algún interés en que otro mejor que tú obre con justicia y honradez? No.» -¿Has olvidado que las personas altaneras, cuando alaban o censuran, demuestran la misma arrogancia que cuando están en la cama o a la mesa? ¿Tienes presente lo que hacen, lo que esquivan, lo que pretenden, lo que hurtan furtivamente o aquella de que se apoderan a viva fuerza? De esto no son sus manos ni sus pies los culpables, sino la parte más preciosa de su ser, la que produce, cuando así lo quiere, la buena fe, el pudor, la sinceridad, la justicia y un buen espíritu.

14. El hombre instruido y modesto dice a la Naturaleza, que es la que da y quita todo: «Dame lo que quieras y llévate lo que te plazca»; y no lo dice por arrogancia, sino más bien por deferencia y por un sentimiento de resignación.

15. Te queda muy poco tiempo de vida. Vive, pues, como en una montaña, ya que importa poco el vivir aquí o allá si se vive por doquier en el mundo como en una ciudad. Que los hombres vean y reconozcan en tu persona un hombre como es debido y que vive conforme a la Naturaleza. Si no te consienten que obres así, que te maten. Más vale morir que vivir como ellos.

16. Ya no se trata de discutir esta tesis: ¿Qué es un hombre de bien? Sino de serlo.

17. Imagínate sin cesar la eternidad del tiempo y la inmensidad de la materia: cada uno de los cuerpos no es, respecto a ésta, sino un grano de arena, y con relación al tiempo, una rosca de tornillo.

18. Al detenerte ante cada objeto que se te presente, piensa que ya está disolviéndose, a punto de cambiar de forma, de podrirse o desaparecer; y considera también que todo ha nacido para morir.

19. ¿Quiénes son esos individuos que no hacen más que comer, beber, dormir, acoplarse, evacuar y actos por el estilo? ¿Y quiénes son también esos que gobiernan a los demás con ademanes de importancia, encolerizándose o tratando arrogantemente a sus inferiores? ¿A cuántos seres no han halagado vilmente antes a su vez? ¿Y con qué fin? Pues unos y otros serán relegados sin tardanza al mismo estado.

20. Aquello que la naturaleza del universo da a cada uno, nos es útil, y tanto más en el momento en que nos lo da.

21. *La tierra necesita la lluvia, como también el aire bienhechor*[69]; el mundo se complace también en dar vida a todo lo que debe existir. Por consiguiente, yo digo al mundo: *Amo todo cuanto tú amas*[70]. ¿Acaso esto no se complace asimismo en llegar a existir?

22. Si vives aquí, ya debes estar acostumbrado; si te extravías, tú lo has querido; y si mueres, tu tarea ha terminado. He aquí, pues, toda la vida; luego no tienes por qué preocuparte.

23. El campo no difiere en nada de esto, es evidente, y todo lo que hay aquí es exactamente igual a lo que se encuentra en la cumbre de una montaña, en la orilla del mar o en cualquier otro sitio. Así, pues, reconocerás la oportunidad de la frase de Platón: *Puedes vivir en el recinto de una población, como el pastor vive en la choza de la montaña y ordenando sus ovejas*[71].

24. ¿En qué estado se halla mi alma, mi guía? ¿Qué es lo que hago de ella en este momento? ¿Para qué me sirve ahora? ¿No está desprovista de entendimiento? ¿No está separada y aun echada de la sociedad de los hombres? ¿No está unida y mezclada con bastante intimidad a la carne para ser identificada con ella?

25. Aquel que huye de su maestro es un desertor. Luego, si la ley es nuestra maestra, aquel que no la cumple es un desertor. Pero aquel que se aflige, que se disgusta, que tiene miedo, rehúsa lo que está hecho, se hace y se hará conforme al orden de las cosas establecido por el organizador supremo. Luego si éste es la ley, es él quien distribuye a cada uno su lote. Según esto, aquel que tiembla, que se aflige o que se disgusta es un desertor.

26. Aquel que acaba de depositar en el seno de una madre el germen de un embrión se va; pero otra causa le sucede; hace el resto y acaba el cuerpo del niño. ¡Qué producción tan maravillosa de tal material! La misma causa procura aún al niño por la boca de la madre un alimento conveniente; después, otra causa, prosiguiendo lo que queda por hacer, produce en él, el sentimiento y el instinto, en una palabra, la vida, la fuerza y las demás facultades. ¡Qué facultades! ¡Y cuán

---

[69] Traspunte de Eurípides.
[70] Cita de autor desconocido.

[71] Cita (inexacta) de Platón, Teeteto, 174.

admirables son! Aunque todas estas operaciones sean misteriosas, es preciso contemplar y reconocer allí la fuerza que las ejecuta, como reconocemos la fuerza que atrae hacia abajo ciertos cuerpos y que se lleva por lo alto a ciertos otros. Estos fenómenos, aunque no son visibles, no por eso dejan de ser menos evidentes.

27. No dejes de observar que todo cuanto se hace hoy se ha hecho siempre y se hará. Recuérdate de todas las comedias y escenas del mismo género que tú has visto o que tú conoces por la historia antigua; recuérdate, por ejemplo, toda la corte de Adriano, de Antonino, de Filipo, de Alejandro, de Creso. Todo eso no era diferente de lo que ves ahora, solamente los actores variaban.

28. El hombre que se aflige o se indigna de un suceso cualquiera se asemeja al cerdito que, durante el sacrificio, patalea y gruñe. Y lo mismo sucede, créelo bien, de aquel que, extendido en su cama, deplora allí solo el destino que nos subyuga. Piensa también que solamente al ser racional se le ha dado el poder de aceptar voluntariamente todo cuanto le suceda. Porque el ceder a ello simplemente, es para todos los seres una cosa inevitable.

29. Examina aparte cada una de las cosas que haces, y pregúntate si la muerte es temible porque te priva de esto o de aquello.

30. Cuando estés irritado por una falta de alguien, al instante examínate a ti mismo, cuenta las faltas que poco más o menos parecidas cometes; por ejemplo, al mirar como un bien el dinero, o el placer, o la vanagloria y otras cosas semejantes. Esta reflexión hará pronto desaparecer tu humor. Añade que es a pesar suyo que él ha pecado. ¿Qué puede hacer él? O bien, si tú puedes, líbrale de la violencia que sufre.

31. Viendo a Satirón, piensa en un discípulo de Sócrates; por ejemplo, Eutiquio o Himeneo; viendo a Éufrates, piensa en Eutiquión o en Silvano; viendo a Alcifrón, piensa en Trepeóforo; viendo a Jenofonte, piensa en Critón o en Severo, y cuando eches una mirada sobre ti mismo, piensa en algunos de los Césares; en una palabra, compara cada personaje con algún otro que haya tenido analogía con él. Hazte después esta reflexión: ¿Dónde están, pues, esos hombres? En ninguna parte o bien en tal sitio o donde uno quiera. Así tú tendrás siempre delante de tus ojos el espectáculo de las cosas humanas, que no son sino humo y nada, sobre todo si tienes presente que aquello que ha cambiado una vez de forma no parecerá nunca de nuevo en la sucesión infinita de los siglos. Luego, ¿para qué preocuparte? ¿Por qué no te contentas con acabar dulcemente esta breve existencia? ¿Qué materia, qué objeto fundamental quieres evitar? Para terminar, ¿qué es todo eso sino ocasiones de ejercicio para el alma que ha reflexionado bien y metódicamente durante el transcurso de la vida? Detente, pues, hasta que te hayas apropiado de estas ideas como un estómago robusto se apropia de toda clase de alimentos, como un fuego violento transforma en llama todo cuanto se arroja a su hoguera.

32. Que nadie pueda decir sin mentir que no eres natural o que no eres hombre honrado. Haz ver lo contrario a aquel que tenga de ti esa opinión; y todo eso

depende de ti. ¿Que alguien, en efecto, puede impedirte ser bueno y humilde? No tomes otra resolución, sino renuncia a la vida antes que a estas virtudes; porque la razón no permite vivir en otra forma.

33. ¿Qué hay que hacer o decir que sea más razonable en esta ocasión? Pues al fin y al cabo, bien sea esto o aquello, a nadie más que a ti le incumbe decirlo o hacerlo, y no vayas a pretender que te encuentras impedido. No cesarás de quejarte hasta que no llegues, como los afeminados que se dan por la molicie, a hacer con gusto, en toda ocasión y materia, todo lo que es propio de las facultades esenciales del hombre. Es preciso que halles una grata satisfacción en hacer todo lo que te sea posible conforme a tu propia naturaleza. Luego, tú lo puedes todo y siempre. No se le ha dado al cilindro el poder de desarrollarse espontáneamente por sí mismo ni por todos los sitios el movimiento que le es propio; tampoco al agua, al fuego, ni a los demás seres sometidos únicamente a las leyes de la Naturaleza o de un instinto ciego; así todos ellos se encuentran sometidos y contenidos por mil causas. Pero el alma, inteligencia y razón, se halla en estado de arrastrar todo obstáculo que se le presente. Ella tiene para sí su naturaleza y su libre albedrío. No olvides este privilegio de la razón que pasa libremente a través del todo, como el fuego se eleva al aire, como una piedra cae abajo, como un cilindro rueda en una pendiente; y no busques otra cosa. Por lo demás, cuanto a los obstáculos, o bien no existen sino para el cuerpo, es decir, el cadáver, o no pueden causar ni herida ni mal alguno al alma, al menos que ella no se forme una falsa opinión y que la razón se extravíe; de otra manera, el hombre vencido de antemano, llegará por ese camino hasta la maldad. De todos los demás seres organizados no hay ninguno que pueda experimentar algún accidente sin que en seguida se vuelva peor de lo que era; aquí es al contrario, el hombre se vuelve a la vez, me atrevo a decirlo, mejor y más estimado, si se sirve de los contratiempos que experimenta. En tesis general, recuerda que el ciudadano por derecho de nacimiento no se creerá herido de aquello que no hiere al conjunto de la humanidad, y que la humanidad no es herida sino por aquel que atenta contra la ley; luego ninguna de estas eventualidades, que el vulgo llama desgracias, producen a la ley atentado grave; en consecuencia, si la ley no sufre daño alguno, no le sufren tampoco ni la humanidad ni el ciudadano.

34. Cuando un hombre está inculcado de los verdaderos principios, la palabra más corta y hasta más corriente es suficiente para desterrar de su corazón la tristeza y el temor. Ejemplo:

> *Como las generaciones de las hojas*
> *así son las de los hombres*[72]...

Sí; tus queridos hijos no son sino pobres hojas, hojas son también esos hombres que te aclaman con sinceridad aparente y te bendicen o bien, al contrario, te

---

[72] Véase Ilíada, Lib. VI, verso 147 y siguientes.

maldicen y te oprimen en secreto con sus reproches y sátiras; hojas igualmente aquellos que después de tu muerte evocarán tu recuerdo. Todas estas hojas que nacen con la primavera, el viento después las echa a tierra: en seguida el monte las reemplaza con otras. Pero el destino común es el de no durar más que un momento; y tú en todo temes y deseas como si todo fuese eterno. Todavía un poco más de tiempo, y tú cerrarás los ojos, y aquel que te haya conducido a la tumba será pronto llorado por otro a su, turno.

35. La vista sana debe estar en estado de ver todo cuanto es visible, y no decir: «Yo quiero el color verde.» Porque ése es el lenguaje de una vista mala. Lo mismo, en estado de salud, los órganos del oído y del olfato deben estar aptos para percibir toda clase de sonidos y olores; y un buen estómago debe ser capaz de digerir indiferentemente toda clase de alimentos, como una rueda de molino está hecha para moler toda clase de granos. Es preciso también que una razón bien sana esté preparada para arrostrar toda clase de acontecimientos. Aquella que dice «¡Que puedan ser salvados mis hijos!», y aún más: «¡Que mis acciones puedan recibir la aprobación universal!», es como los ojos que prefieren el color verde o los dientes que desean lo tierno.

36. No hay ningún hombre que al morir tenga la dicha de no tener alguien cerca de él que se alegre de este funesto acontecimiento. Que éste sea un hombre virtuoso y sabio, ¿no encontrará alguien que, al verle en su última hora, dirá: «Por fin vamos a respirar, desembarazados de este moralista?» «Es verdad que no era riguroso para ninguno de nosotros, pero veíamos bien que en su fuero interno nos condenaba.» Esto, tratándose de un hombre recto. Respecto a nosotros, ¡cuántos más motivos hacen desear a muchas de las personas verse libres de nosotros! Tú deberás pensar en esto a la hora de tu muerte; será menor la pena al irte de aquí, porque podrás decir: «Dejo una vida en la de aquellos con quien la repartía, por los que tanto he trabajado, hecho tantas súplicas, experimentado tantas inquietudes, son estos mismos miserables los que desean mi muerte, luego puede ser que esperen alguna ventaja.» ¿Por qué, pues, ese empeño de querer seguir aquí más tiempo? Sin embargo, no por eso te vayas incomodado con ellos; sino, como siempre, continúa dándoles pruebas de afección, de benevolencia, de indulgencia, no les abandones tampoco como si te arrancaran de esta vida. Ve, si no, cuando una muerte es dulce, cómo el alma se desprende tranquilamente de las ligaduras del cuerpo; tu separación de la sociedad de estos hombres debes hacerla con la misma tranquilidad. La Naturaleza te había agregado y unido con ellos; pero hoy te separa. Yo me separo de ella, en realidad, como de una familia, no obstante, sin dolor de corazón y sin resistencia, porque esta separación es un acto conforme a la Naturaleza.

37. Toma la costumbre, cuando observes las acciones de un hombre, de hacerte, siempre que se pueda, esta pregunta: ¿Cuál es el fin que este hombre persigue? Pero principia por ti mismo, y, desde luego, examina a fondo tu corazón.

38. Recuerda que aquel que te pone en movimiento como un muñeco está encerrado y se esconde dentro de ti. Ése es quien se hace escuchar, quien es la vida, quien, si me atrevo a decirlo, es el hombre. Presérvate mucho de no confundir a ése con el vaso que le encierra y los órganos aplicados a esta masa. Estos órganos son para ti como un hacha, con la diferencia que han nacido contigo. Pero, sin la causa que los hace mover y los modera, estas partes del cuerpo no te serían más útiles que la lanzadera aislada le sería a la tejedora, la pluma al escritor y la fusta al cochero.

LIBRO XI

1. He aquí las propiedades del alma razonable: ella se ve a sí misma, se organiza a sí misma y se adorna a sí misma como le place, recoge los frutos que produce, en vez de como ocurre con los productos de las plantas, que son recogidos por otros. Ella alcanza siempre su propio fin, no importa el momento en que la vida termine. Porque no ocurre lo mismo con ella que con una danza, una pieza de teatro u otra clase de representaciones que quedan imperfectas si se las interrumpe. En cualquier lugar o edad que la muerte la sorprenda, ella hace del tiempo un todo finalizado y completo, de manera que puede decir: «Tengo todo cuanto me pertenece.» Además, ella recorre el mundo entero y el vacío que le rodea; examina su configuración; su vista se extiende hasta la eternidad; ella abarca y aprecia la renovación periódica del universo; ella cree que los que vendrán después de nosotros no verán nada nuevo, como aquellos que nos han precedido no han visto más que lo que ahora vemos, y que un hombre que ha vivido cuarenta años, por poco entendimiento que tenga, ha visto poco más o menos cuanto le ha precedido y lo que le seguirá, puesto que todo se sigue con uniformidad. La propiedad de un alma razonable es también el amor al prójimo, a la verdad, al pudor, y, ante todo, el respeto a ella misma, lo que es también el carácter propio de la ley. Es así como el derecho razonable no difiere en nada de las reglas de justicia.

2. Un cántico hermoso, la danza, el pancracio, podrán parecerte despreciables. Desbarata, por ejemplo, una canción armoniosa en cada uno de sus tonos, y ante cada uno de ellos pregúntate si es ése el que te ha encantado: te sonrojarás, sin duda, al responder. Procede de la misma manera para con la danza, analiza cada movimiento, cada postura, y has lo mismo con el pancracio.

En una palabra: excepción hecha de la virtud y aquello que proviene de ella, trata de apreciar a la ligera todas las cosas en sus detalles, con el fin de que por este análisis llegues hasta despreciarlas; y aplica este método para toda tu vida.

3. ¡Qué alma aquella que está dispuesta a despojarse de las ligaduras del cuerpo, en el mismo instante, si le es preciso, sea para extinguirse o disiparse o bien para subsistir aparte!

Digo "dispuesta" por una consecuencia de sus reflexiones particulares, no por pura emulación como los cristianos, sino con perfecta convicción y gravedad, y de forma que gane el alma de otro sin trágica ostentación.

4. ¿He hecho algo en favor de la sociedad? Luego he trabajado para mi provecho. Que esta verdad esté siempre presente en tu espíritu y trabaje sin cesar.

5. ¿Cuál es tu oficio? El de ser hombre de bien. ¿Cómo llegar a serlo con seguridad, sino por los principios que inspira el estudio de la Naturaleza universal y de la constitución particular del hombre?

6. Se dio primeramente en espectáculo la tragedia que, al representar los hechos de la vida humana, recuerda que son impuestos por la Naturaleza, y que aquello que

os ha divertido en el teatro no debe pareceros insoportable en la gran escena de la vida. Ella hace ver cómo ciertamente estos accidentes se producen en virtud de una ley fatal de la que no pueden librarse ni aquellos que gritan: *¡Ah! ¡Citerón[73]!*.

Los poetas dramáticos también expresan a veces pensamientos útiles, entre otros éste, por ejemplo: *Si los dioses no han tenido ningún cuidado de mí, ni de mis dos hijos, no lo han hecho sin razón[74]*.

Y éste: *No hay que irritarse contra los acontecimientos* [75](1).

Y este otro: *Segar la vida como una espiga fecunda*, y otros pensamientos parecidos.

Después de la tragedia vino la comedia antigua, que se hizo la dueña; habló con toda libertad, tuvo la pretensión de corregir abusos y de dar lecciones de modestia llamando a cada cosa por su nombre. Diógenes, con las mismas intenciones, tomó de ella varios trazos.

Considera después qué fue la comedia media, y por último cuál es el fin que se ha propuesto la nueva, que insensiblemente se ha vuelto una representación ingeniosa de las costumbres. Que se encuentran en ella también muchas lecciones útiles, nadie lo niega; pero este género de poesía, esta composición dramática, ¿cuál es el fin que se propone?

7. ¿Por qué juzgas que no hay otro plan de conducta más propio para el estudio de la sabiduría que aquel al que te sometes en este momento?

8. Es de todo punto imposible que una rama desprendida de otra vecina no lo sea al mismo tiempo del árbol todo entero. De la misma manera un hombre separado de otro hombre se encuentra excluido por completo de la sociedad. Es una mano extraña la que corta la rama; pero es el mismo hombre quien se separa de su prójimo, al tomarle odio y antipatía. ¡Ah! Ignora que, por allí mismo, rompe los lazos que le unen al cuerpo del Estado; sin embargo, por una gracia de Júpiter, que es quien ha formado la sociedad, tenemos la gran ventaja de unirnos al prójimo del cual nos habíamos separado, y por ahí volver a formar parte de un mismo todo; pero, si esta separación se produce demasiado a menudo, la unión y restablecimiento se hacen difíciles. En una palabra: hay siempre una gran diferencia entre la rama que desde su principio se ha desarrollado y vegetado con el árbol y aquella que, después de su separación, ha sido repuesta e injertada; a pesar de lo que dicen los jardineros.

Vegetar con el árbol del que soy un retoño, no tener aparte sino mis pensamientos.

9. Aquellos que te ponen obstáculos en el camino de la razón, no sabrían desviarte de una buena acción; así, pues, que no te aparten de tu corazón los sentimientos de afecto hacia ellos; pero guárdate bien de uno y otro lado a la vez: no solamente demuestres tu firmeza en la manera de pensar y hacer, sino, además, una dulzura inalterable hacia los que intenten ponerte obstáculo o que te sean la causa de

---

[73] Véase Sófocles, Edipo Rey, verso 1.391.
[74] Citaciones de un poeta trágico desconocido.
[75] Véase Lib. VII, 41, 38, 40.

algún otro descontento. Por consiguiente, no existirá menos debilidad al desearles el mal que al abstenerte de tu buena acción y dejarte intimidar; es igualmente uno culpable de deserción cuando se retrocede por miedo ante «el enemigo» o cuando se vive en desavenencia con aquel que la Naturaleza te ha dado como hermano y como amigo.

10. Nunca la Naturaleza es inferior al arte; porque el arte no es sino una imitación de las obras de la Naturaleza. Si es así, la perfecta Naturaleza, que es la que abarca todas las demás, no cederá en habilidad a un simple artista. Luego en todas las artes, lo que es menos bueno está hecho por aquello que hay de mejor; y es lo mismo en la Naturaleza.

De ahí la existencia primordial de la justicia, principio y base de todas las demás virtudes. Pues no es practicar la justicia el sufrir por viles intereses, el cerrar los ojos ante la verdad y estar sujetos a la cólera y a la inconstancia.

11. Si es verdad que los objetos que enturbian tu alma, bien por los deseos o creencias que te inspiran, no vienen en tu busca, sino eres tú quien vas hacia ellos, modifica la opinión que de ellos te has formado; estos objetos quedarán en su lugar y se te verá exento de deseos y de creencias.

12. El alma se parece a una esfera perfecta: cuando no se extiende hacia algún objeto exterior, no se empequeñece ni se reduce de sí misma, sino que brilla con la luz que la hace vislumbrar la verdad en todo y particularmente dentro de ella misma.

13. ¿Alguien va a despreciarme? Esa es su ocupación; la mía es la de guardarme muy bien que en mis acciones o palabras no se encuentre nada que justifique su desprecio. ¿Va a odiarme? Esa es su ocupación; la mía es la de ser indulgente y benévolo con todo el mundo y la de estar preparado para desengañarle, no con insolencia ni fingiendo moderación, sino con noble franqueza y con bondad, como acostumbraba el grave Foción, si es verdad que lo hacía sin fingimiento; porque es necesario que estos sentimientos salgan del corazón, y que los dioses vean que nada les desespera ni se afectan por nada. Puede, desde luego, acontecerte algún mal si tú haces siempre aquello que es propio de tu naturaleza y si no te resignas al instante a todo cuanto conviene a la Naturaleza del universo, como hombre creado para sufrir con paciencia todo lo que es de interés común.

14. Estos individuos se desprecian los unos a los otros, al mismo tiempo que se colman de caricias; no buscan sino suplantarse y se arrastran los unos delante de los otros a cual más mejor.

15. Qué lenguaje tan insípido y falso es éste: «He resuelto trataros con franqueza.» ¿Qué es lo que dices? ¿A qué viene este preámbulo? Eso se verá por sí mismo. La palabra ha debido ser escrita primeramente sobre tu frente. Lo que quieres expresar debe brillar en tus ojos, como el pensamiento en la mirada de los amantes, donde nada pasa inadvertido para el ser amado.

En una palabra: el hombre franco y honesto debe ser algo como aquel que exhala un olor particular: que al aproximarse a él uno sienta buen o mal olor, según con quien trata. La ostentación de franqueza es un puñal disimulado. Nada hay más indigno que las falsas caricias; evítalas todo cuanto puedas. El hombre que es virtuoso, humilde y bueno, refleja en su vista todo su pensamiento, sin disimulación ninguna.

16. Es un secreto el vivir feliz, y es en el alma donde reside. Es suficiente ser indiferente a las cosas que por sí solas no son ni buenas ni malas. El medio para ser indiferentes es el de apreciar a cada una de ellas aparte, en sus detalles y su conjunto, observando bien que ninguna nos obliga a formar de ellas una opinión cualquiera ni vienen a buscarnos. Ninguna se mueve de su lugar, somos nosotros los que juzgamos sobre ellas y cuyo juicio grabamos en nosotros mismos. Luego depende de nosotros el no grabarlos, y hasta borrarlos si se deslizan sin que los advierta nuestro espíritu. Fuera de esto, esta atención durará poco, puesto que terminará con nuestra vida. Por último, ¿qué es lo que hay en ellas que sea muy difícil? Si las cosas que se presenten convienen a tu naturaleza, acéptalas con placer y sin dificultad. Si no la convienen, busca en ti mismo aquello que pueda convenirla, y corre hacia ese fin, aunque nada tenga de glorioso.

17. Observa en los seres cuál es la procedencia de cada uno, de qué elementos se compone, en los que se transforma, lo que es después de su transformación, y verás que ningún mal puede acontecerte.

18. Primeramente, ¿cuál es el lazo que tan fuerte me une a estos hombres? El haber nacido los unos para los otros, y que, desde otro punto de vista, he nacido para colocarme a su cabeza, como un carnero va delante del rebaño o el toro delante de la vacada. Sube más alto, al origen; abstracción hecha de los átomos, es la Naturaleza quien rige todo en el Universo; luego si es así, los seres que no son del todo buenos son hechos por los mejores, y éstos los unos por los otros.

Segundo: ¿cuál es la conducta de éstos en la mesa, en la cama o en otra parte? Sobre todo, ¿a cuántas miserias no se ven expuestos, desgraciadamente, por sus opiniones? Y, no obstante, ¡qué orgullo con sus miserias!

Tercero: en su conducta, si hacen el bien, no hay que estar descontentos; si hacen el mal, es involuntariamente y por ignorancia. Por consiguiente, ningún alma está privada, si no es por su culpa, no solamente del conocimiento de la verdad, sino tampoco de esta justicia que la inclina a tratar a cada uno como se merece. Es por eso por lo que no sufren que se les trate de ingratitud, de injusticia, de avaricia y, en una palabra, de mala educación hacia el prójimo.

Cuarto: tú también tienes bastantes debilidades y los mismos defectos que los demás. Si te abstienes de ciertas faltas no por eso estás menos dispuesto a cometerlas; es el miedo, el amor propio o algún otro motivo parecido quien te impide delinquir como ellos.

Quinto: ¿son ellos tan culpables? Tú no estás cierto de ello. Muchos son los detalles que entran en la gestión de este asunto, y, en general, es necesario estar bien informado en muchas particularidades, antes de juzgar perentoriamente la conducta de otro.

Sexto: ¿sufres una violenta indignación o una ardiente impaciencia? Piensa en que la vida del hombre es de corta duración; al cabo de un instante estaremos todos en la tumba.

Séptimo: aquello que nos indigna no son las acciones de los otros, pues tienen su principio en el espíritu que las guía; son nuestras propias opiniones. Suprime, pues, tu opinión; cesa con firme resolución de juzgar tus acciones como molestas para ti, y tu cólera se disipará. ¿Cómo suprimir tu opinión? Haciéndote este razonamiento: que nada hay en ellas que sea vergonzoso para ti. Luego el verdadero mal no consiste en hacer lo que nos cause vergüenza. Si fuese de otro modo, serías, a pesar tuyo, culpable de muchas faltas; podrías ser hasta un granuja o cualquier otra clase de malhechor.

Octavo: ¡cuán mayor es el mal que la cólera y el enfado suscitados por las acciones que otros nos hacen, que las mismas acciones que nos encolerizan y desazonan!

Noveno: la dulzura es una fuerza invencible cuando es sincera, sin afectación y sin disfraz. ¿Qué te sucederá con el más insolente de los hombres si tú te propones tratarlo con dulzura; si, cuando el caso lo requiere, tú estás satisfecho de poder dar dulcemente buenos consejos y una sabia lección en el mismo momento que él se esfuerza en ultrajarte? «No, querido mío; nosotros hemos nacido para obrar de otra forma; no es a mí a quien engañarás, sino a ti mismo, querido amigo.» Hazle comprender, pero con cuidado y en términos generales, que ahí es donde está la verdad, que ni aun las abejas y otros seres destinados a vivir en sociedad lo harían de ese modo. No obstante, no es preciso que esa lección tenga aire de burla, ni de un insulto; debes darla con un tono afectuoso y sin aspereza; no como un maestro de escuela, ni por hacerte admirar de alguien de los que te rodean, sino como si estuvieras solo, aun cuando hubiera otros testigos.

No olvides estos nueve artículos, como si fueran inspiraciones de las Musas, y, por último, empieza a ser hombre por el resto de tu vida. Es preciso tener mucho cuidado de no irritarse contra los hombres, y con el mismo cuidado alabarles. Son dos excesos contrarios a la vida social y que pueden ser dañosos. Al momento de sentirse enfadado, no olvides que es indigno del hombre dejarse arrastrar por la cólera, y que la paciencia y la dulzura son las cualidades al mismo tiempo más humanas y más fuertes; ellas indican vigor, coraje y energía; y no se puede decir lo mismo de la cólera y del despecho. Cuanto más se aproxima la paciencia a la impasibilidad, es más fuerte. Si la tristeza es un signo de debilidad, la cólera es otro; en ambos casos se han recibido heridas, se ha capitulado.

Si quieres, escucha aún el décimo consejo como un presente de Musayetes[76]: querer que los malos no cometan ninguna falta es una locura, pues es querer lo imposible; por otra parte, admitir que sea para los otros lo malo que ellos tienen y

---

[76] Apolo, jefe del coro de las Musas.

querer que no comentan ninguna falta contigo es razonar como un insensato o como un déspota.

19. El alma tiene cuatro inclinaciones contra las que es preciso estar en continuo acecho; en el momento de observarlas, debes instruirlas haciendo para cada una de ellas estas diversas reflexiones: ésta es un fantasma de mi imaginación y, por lo tanto, no es verdad; aquélla se propone arruinar a la sociedad; vas a decir tal o cual cosa que tú no la sientes así en el fondo de tu corazón, piensa que no hay nada más miserable que el hablar contra lo que uno piensa. Por último, en el cuarto caso, tendrás un verdadero motivo para censurarte, puesto que la parte más divina de ti se halla vencida y sujeta por la menos estimada, por la parte mortal, por el cuerpo y sus groseros apetitos.

20. Todas las partes de aire y fuego que entran en tu organismo tienden a elevarse hacia la atmósfera; no obstante, también obedecen a la organización general de tu constitución, y pueden conservarse encerradas en el conjunto. Igualmente, todas las partes de tierra y de agua que se hallen en ti tienen tendencia a caer a tierra y, sin embargo, se tienen en pie y guardan una situación que no las es natural. Así, pues, los elementos obedecen a la ley general; cuando han sido colocados en un orden cualquiera, hacen grandes esfuerzos por mantenerse hasta que la misma ley les ordena su disolución. ¿No es, pues, extraño que la parte inteligente de tu ser sea la única indócil y la sola descontenta del puesto que la es señalado? Nada se la impone que le sea violento ni se la ordena nada que no convenga a su propia naturaleza; y, sin embargo, no solamente no le soporta, sino que quiere hacer todo lo contrario; pues aquel que la conduce hacia la injusticia, los excesos, la cólera, la tristeza y el miedo no es sino un movimiento de revuelta contra su naturaleza.

Cuantas veces se afecte el alma de un accidente de la vida, tantas abandona el puesto que la está confiado. Está hecha por la santidad y la piedad no menos que para la justicia: estas dos virtudes son, en efecto, dos condiciones de la sociabilidad; son hasta anteriores a los actos de la justicia.

21. Aquel que en la vida no tiene un solo y mismo fin, no sabrá tampoco ser un solo y mismo hombre. Esto no será bastante decir si no añades cuál debe ser ese fin. Puesto que todos los hombres no piensan lo mismo sobre lo que el vulgo considera como bienes, sino únicamente sobre ciertos bienes, quiero decir sobre los bienes que lo son en efecto para toda la sociedad, se deduce que no debe uno proponerse más fin que el bien de la humanidad y el de sus conciudadanos. Dirigiendo todos los esfuerzos hacia ese fin es como uno pondrá en armonía todas sus acciones, y, por consiguiente, será uno siempre el mismo.

22. Ten presente la fábula del ratón de los montes y del ratón doméstico; y el miedo y las angustias de este último.

23. Sócrates llamaba a los prejuicios de los lamios espantajos de niños[77] (1).

---

[77] Véase el Fedón, el Critón, y Epicteto, Disertaciones, II, 1.

24. Los lacedemonios instalaban siempre a la sombra los estrados de los extranjeros para que presenciaran sus espectáculos, y ellos se colocaban en cualquier sitio.

25. Preguntando el hijo de Pérticas a Sócrates por qué no venía a su casa, el filósofo le contestó: «Para no tener la muerte más triste[78]»; es decir, por temor de ser muy bien tratado y de no poder corresponder.

26. En los libros de los efesios hallábase este precepto: *No apartes de tu imaginación el recuerdo de algún antepasado estimable por sus virtudes.*

27. Los pitagóricos nos recomiendan que elevemos la vista al cielo desde por la mañana para que tengamos presente el recuerdo de esos seres que siempre, por el mismo camino y de la misma forma, llevan a cabo su tarea, y para que imitemos su perfecto orden, su pureza y su desnudez, pues los astros se hallan desprovistos de todo velo.

28. Recuerda la actitud de Sócrates el día en que se encontró sin más vestidos que un cinturón de piel, por habérselos llevado Antipas, y las palabras que dirigió a sus amigos cuando, al verle en semejante postura, retrocedieron avergonzados y confusos[79].

29. Para dar lecciones de lectura o de escritura debes forzosamente conocerlas; con mucha más razón, pues, tratándose de la conducta de la vida.

30. *Siendo como eres un esclavo de condición, no tienes el derecho de hablar[80].*

31. *... Yo reía en el fondo de mi corazón[81].*

32. *Y ellos criticarán la virtud con palabras crueles[82] (6).*

33. *Buscar un higo en la higuera en el invierno es una locura; es lo mismo que buscar un hijo cuando ya no es posible volverle a ver.*

34. *Es conveniente*-decía Epicteto-, *cuando se abraza al hijo, pensar de él en su interior: «Es posible que mueras mañana.» «Pensamientos de mal agüero.» «No -respondía-, no hay en ello nada que sea de mal agüero; uno no hace sino presentir un hecho natural; por el contrario, sería de mal agüero el decir que las espigas están segadas.»*

35. *Racimo verde, racimo maduro, racimo seco; todo eso no es sino una transformación, no en lo que no es, sino en lo que no es todavía.*

36. *No hay ningún raptor del libre albedrío.* Estas palabras son de Epicteto.

37. El mismo Epicteto recomendaba descubrir el arte de dar nuestro consentimiento; y en la materia de proyectos, tener mucho cuidado de poner condiciones, respetar los derechos de la sociedad y nuestra dignidad; reprimir sin reserva alguna nuestros apetitos, pero no tratar de conjurar aquello que no depende de nosotros.

---

[78] Aristóteles, Retórica, II, 23.
[79] Los detalles de esta anécdota no han llegado hasta nosotros.
[80] Verso yámbico de un poeta desconocido.
[81] Véase Odisea, Lib. IX, v. 413.
[82] Verso de un poeta desconocido.

38. *No se trata aquí-decía-de un asunto trivial, sino de saber si somos insensatos o no.*

39. Sócrates *decía: -¿Qué deseáis? ¿Tener el alma como seres razonables o de brutos? -De seres razonables. -¿De qué clase de seres razonables? ¿Sanos o depravados? -Sanos. -¿Por qué, pues, no tratáis de poseerla? -Porque la tenemos ya. -Luego, ¿por qué estáis en lucha y discordia los unos con los otros?*

LIBRO XII

1. Todos esos bienes que deseas y trabajas por adquirirlos con mil rodeos, puedes poseerlos desde hoy mismo a condición de tener cuidado de ti. He aquí el medio: olvida todo lo pasado, entrega el porvenir en las manos de la Providencia y ordena el presente guiándote únicamente en la santidad y la justicia; en la santidad, amando a tu destino tal como es, puesto que la Naturaleza lo ha hecho para ti y tú eres hecho para la Naturaleza; en la justicia diciendo siempre libremente y sin dudar la verdad y obrando conforme a las leyes y a la dignidad. Que nada te moleste, ni la maldad de los otros, ni sus opiniones, ni su lenguaje, ni aquello que puede resentir a esa masa de carne que te envuelve; ella es la que sufre, luego que avise. Ve ahí pronto el fin de tu carrera. Luego si desprecias el resto con el fin de no agregar el premio sino a la razón, tu guía, y a aquello que hay de divino en ti, si tú temes, no dejar de existir algún día, sino solamente no haber nunca comenzado a vivir conforme a tu naturaleza, serás un hombre digno del mundo que te ha dado el ser; cesarás de ser un extranjero en tu patria, de extrañarte de cuanto ocurre todos los días, como si fuese inesperado; por último, de depender tanto de esto como de aquello.

2. Dios ve a todas las almas al descubierto, sin ese fango absurdo ni esa corteza grosera y sin las inmundicias que las envuelven. El único medio que emplea para comunicarse con ellas es su inteligencia, y no se une sino a las emanaciones derivadas de su propia sustancia. Acostúmbrate a hacer lo mismo y te apartarás de las muchas inquietudes que te rodean, porque aquel que no tiene una mirada para esa masa de carne, que envuelve su alma, ¿se dignará ocuparse de un vestido, de una casa, de la gloria, de otras vanidades por este estilo y de las representaciones teatrales?

3. Tu persona se compone de tres sustancias: de un cuerpo, de un alma animal y de otra razonable. Las dos primeras te pertenecen en el sentido de que estás obligado a cuidarte de ellas; pero es solamente la tercera la que es de tu propiedad.

Luego si llegas a apartar de ti, es decir, de tu espíritu, todo aquello que los demás hombres hagan o digan, lo que tú has hecho o dicho, toda aprensión de los acontecimientos posibles, todo cuanto suceda independientemente de tu voluntad, al cuerpo que te envuelve o al alma animal unida con él, y aquello que un torbellino hace rodar a tu alrededor, de tal suerte que tu espíritu se desinterese de los destinos comunes, no viva sino consigo mismo, puro, libre, practicando la justicia, resignándose a lo que le sobrevenga, sin apartarse nunca de la verdad; si tú llegas, digo, a desterrar de ese espíritu que te gobierna las impresiones demasiado vivas de los sentidos, las ideas sobre lo que pueda acontecer y los recuerdos de lo pasado; si llegas a parecerte a la esfera de Empédocles: *Esfera perfecta en que se regocija de su graciosa estabilidad*; si no piensas en vivir más de lo que tú vives, quiero decir el momento presente, estarás en condición de poder pasar el resto de tus días hasta la muerte sin turbación ninguna, con independencia y de perfecto acuerdo con el genio que está en ti.

4. Muchas veces me he preguntado con extrañeza el porqué el hombre, que en general tiene un amor propio exclusivo por sí mismo, da, no obstante, menos importancia a la opinión que de sí tiene que a la que los demás le forman. Supongamos, por ejemplo, que un dios o bien un gran maestro se coloca al lado de un hombre cualquiera y le dice que no se imagine ni piense nada en su interior sin que instantáneamente lo repita en voz alta; este individuo no se resignaría a hacerlo ni un solo día. Es, pues, en verdad la opinión pública la que nos interesa más; antes miramos al qué dirán que a lo que podamos decir de nosotros mismos.

5. ¿Cómo puede ser que los dioses, que han arreglado todas las cosas de una manera tan hermosa y con tanto amor por la Humanidad, se hayan descuidado en nada? ¿Que ciertos hombres, aunque no sean más que los más virtuosos, después de haber vivido, por decirlo así, en continuo trato con la divinidad y haber llegado a ser su objeto de predilección por las muchas obras y sacrificios, una vez que mueren no son vueltos a llamar a la vida, sino que son absolutamente y para siempre extinguidos?

Las cosas se pasan así, entiéndelo bien; que si debieran pasar de otro modo, los dioses lo habrían dispuesto. Si hubiesen sido justas, hubieran sido igualmente posibles, y si hubiesen estado dentro del orden natural, habrían sido producidas por la Naturaleza. Pero por eso mismo que las cosas no se pasan así, y admitiendo que no sea de ese modo como suceden, convéncete que no podrían producirse de otra manera.

Desde luego, tú mismo ves que, en esta inútil averiguación, discutes una cuestión de derecho con la divinidad. Luego no podríamos discutir en esta forma con los dioses si no fueran tan soberanamente buenos y justos; y si es así, no habrán olvidado nada de cuanto sea justo y razonable de hacer en el arreglo del mundo.

6. Acostúmbrate a lo que creas por encima de tus fuerzas. Ve la mano izquierda: por la falta de costumbre, es generalmente débil en todo; no obstante, tiene la brida más fuerte que la derecha, porque está acostumbrada a ella.

7. Piensa en aquello que necesariamente caerá en las garras de la muerte, sea el cuerpo o bien el alma; piensa en la brevedad de la vida, en la inmensidad del tiempo que la precede y en el que la seguirá; en lo débil de todo cuanto es materia.

8. Observa con atención las ideas despojadas de aquello que las envuelve: los motivos de las acciones; lo que es el dolor, el placer, la muerte y la gloria; cuál es aquel que se ha formado obstáculos; cómo nadie se ve impedido por otro; que todo no es más que una opinión.

9. En la práctica de los buenos principios es necesario ser como el atleta en el pugilato, y no como un gladiador. Si éste deja caer su espada, al punto puede ser muerto; pero el otro siempre tiene dispuesta la mano y no tiene necesidad de otra cosa para golpear.

10. Para conocer la naturaleza de las cosas es preciso estudiar por separado el fondo, la causa y su fin.

11. ¡Qué poder tan grande es el del hombre! De él depende el no hacer sino aquello que Dios debe aprobar y recibir con resignación todo cuanto Dios quiera enviarle.

12. Aquello que acontece es conforme a las leyes de la Naturaleza; no por eso hay que culpar a los dioses, pues ellos no cometen jamás errores, ni involuntarios, ni voluntarios; tampoco a los hombres, pues si se equivocan no es por su voluntad. Así, pues, no hay que culpar a nadie.

13. ¡Es preciso ser ridículo y novicio para asombrarse de cuanto pueda ocurrir, sea lo que fuere, en el transcurso de la vida!

14. Distingue en este mundo o una necesidad fatal y una ley inmutable, o una Providencia bienhechora o bien un cambio casual de causas ajeno a toda dirección. Luego si tú obedeces a una necesidad inmutable, ¿a qué fin viene el quejarte? Si hay una Providencia a la que uno puede doblegarse, hazte digno de la asistencia de la divinidad. Por último, si todo no es más que una mezcla confusa, sin dueño alguno que la dirija, piensa con alegría que dispones, en medio de las olas agitadas, de una inteligencia que te sirve de guía. Si esas oleadas te arrastran, que se lleven tu carne miserable, tu alma animal y lo demás, pero no conseguirán llevarse tu inteligencia.

15. ¿Dudas, acaso? La luz de la lámpara, hasta que no se apaga, brilla y no pierde su claridad, y en ti, la verdad, la justicia y la templanza, ¿habrán de acabarse antes que tú mismo?

16. ¿Te ha dado alguno motivo para pensar que ha cometido una falta? Pregúntate: «¿Es que estoy seguro de que es una falta?» Y si la falta es cierta, suponte que él ya se ha juzgado culpable y se ha castigado tan cruelmente como si se hubiese desgarrado la cara con sus propias manos.

Desde luego, querer que el malo no cometa faltas es querer que la higuera dé otro fruto que no sea el higo, que los niños no lloren en la cuna, que el caballo no relinche, y de este modo de todo cuanto por necesidad tiene que suceder ¿Qué es lo que podrá hacer un hombre en el que su corazón está tan gangrenado? Si puedes, cura su gangrena.

17. Si eso no es bueno, no lo hagas; si no es verdad, no lo digas; tú eres quien debes juzgarlo.

18. Principalmente, estudia bien lo que es en sí el objeto que te llama la atención, sondea sus rincones secretos, examina aparte su causa, su sustancia y sus efectos, el espacio de tiempo o el fin en el cual deberá fatalmente dejar de, existir.

19. Empieza, en fin, a penetrarte de que posees en ti mismo alguna cosa mejor y más maravillosa que todo lo que excita tus pasiones y te agita como un muñeco. Pregúntate: «¿Qué es lo que hay en este momento en el, fondo de mi corazón? ¿No es una creencia, una suposición, un deseo u otra cosa parecida?»

20. En primer lugar, nada hagas sin reflexionar ni sin fin alguno, y en segundo, no lleves otro fin sino el bien de la sociedad.

21. Dentro de poco serás convertido a la nada, no existirás, como todo cuanto ves, y lo mismo que los que hoy viven. Todo ha nacido para cambiar de lugar, y forma, para corromperse, con el fin de que otros seres vengan a su turno.

22. Todo no es sino una opinión, y tu opinión depende de ti. Apártala de tu espíritu cuando lo tengas por conveniente, y como el navegante que ha doblado el cabo encontrarás un mar tranquilo, completamente en calma, y un golfo sin oleada ninguna.

23. Una acción cualquiera que termina a su tiempo no pierde nada de su valor ni por el mero hecho de haber terminado. Aquel que ha hecho esta acción no experimenta ningún mal a causa de este fin. Lo mismo, pues, nuestra vida, que no es sino el encadenamiento de todas las acciones cuando acaba a su debido tiempo, no es desgraciada por el hecho de acabar, y aquel que a su tiempo se encuentre que ha llegado al último eslabón de esta cadena no experimenta por eso ningún mal. Es la Naturaleza quien señala el término y duración; a veces es la naturaleza particular, como, por ejemplo, cuando uno muere de la vejez; pero, en resumen, es siempre la Naturaleza universal. Las partes del Universo se transforman sin cesar, y el cuerpo del mundo goza de una juventud y de un vigor eterno. Lo que es útil al Universo es siempre bueno. Así, pues, la cesación de la vida no es un mal para nadie, puesto que nada tiene de deshonroso, si es verdad que no solamente no depende de nuestra voluntad, sino que no atenta contra las leyes comunes; es hasta un bien, puesto que es natural para el Universo, le es útil y se acomoda a sus leyes. Así es como uno lleva en sí el espíritu de Dios, camina hacia sus mismos fines y se inclina a no tener otra voluntad que la de Dios.

24. He aquí tres puntos esenciales que se deben seguir: Primero: en tu propia conducta, procura no hacer nada sin reflexionar, o de manera distinta que haría la justicia. Referente a los acontecimientos exteriores, no pensar sino que son efectos de la casualidad u obra de la Providencia; luego el azar no debe producir queja alguna ni la Providencia ninguna acusación. Segundo: considerar lo que somos cada uno de nosotros desde nuestra concepción hasta que uno se halla animado, y desde este momento hasta entregar el alma; de lo que se compone, en lo que se convierte. Tercero: tener presente que si tú pudieras elevarte de repente sobre la tierra y ver a tus pies las cosas humanas con sus vicisitudes, no experimentarías sino un desdén por ellas, y más aún viendo al mismo tiempo todo cuanto puebla las capas inferiores y superiores de la atmósfera. Cuantas veces te elevaras así, otras tantas tendrías el mismo espectáculo ante tu vista: objetos en todo semejantes y de corta duración. No obstante, es eso lo que inspira orgullo.

25. Aparta de ti tus preocupaciones y te verás salvado. ¿Hay alguien que te impide apartarte de ellas?

26. Si estás incomodado por alguna cosa, es que has olvidado que todo acontece según el orden de la naturaleza universal; que la falta cometida proviene de otro; además que todo lo que ahora sucede y ha pasado antes pasará siempre así y pasa lo mismo por todos los sitios en el propio instante. Tú has olvidado el lazo tan estrecho de parentesco que une a cada hombre con el género humano, no por la

sangre y el origen, sino por la participación común en la misma inteligencia. Tú has olvidado que el espíritu de cada uno de nosotros es un dios, una emanación de la Divinidad; que nadie posee nada por sus propias fuerzas, así como nuestros hijos, nuestro cuerpo y hasta nuestra respiración proviene de este origen divino; que todo es opinión; y, por último, que la vida de cada uno se reduce al goce del momento y que no se puede perder sino este momento.

27. No dejes de acordarte de los personajes que, en tal o cual circunstancia, han sido coléricos, otros han llegado a ser célebres por su incomparable gloria, o por sus infortunios, o por sus aversiones, o, en fin, por una aventura cualquiera; después pregúntate: ¿Dónde está hoy todo eso? Humo, ceniza y leyenda, y ni aun esta última. Evoca todos tus recuerdos en este orden de ideas; por ejemplo: Fabio Catulino en su campaña, Lucio Lupo en sus jardines, Stertino en Baias, Tiberio en Capri y Velio Rufo; en una palabra: todos aquellos en los que las mismas pasiones estaban estimuladas por el aplauso de la opinión, ¡cuán vil era el fin de tantos esfuerzos! ¡Ah! ¡Cuánto mejor es, según las circunstancias, ser justo, moderado, sumiso a los dioses! Pero con sencillez; porque la ostentación de modestia es de todos los orgullos el más insoportable.

28. Los que te pregunten que dónde has visto a los dioses, que dónde has hallado las pruebas de su existencia para dirigirles tantos homenajes, respóndeles primero que su existencia se ve a simple vista, y seguidamente añade: «Tampoco he visto a mi alma, y no por eso dejó de respetarla. Es lo mismo con los dioses. Experimento continuamente los efectos de su poder; de ello deduzco que existen, y los venero.»

29. El bienestar de la vida consiste en ver lo que cada cosa es en sí misma, en su conjunto, lo que es en la materia y lo que es en la causa eficiente; después, en ocuparse con toda su alma en hacer lo que es justo y decir lo que es verdad. ¿Qué queda después de todo eso sino gozar de la vida, encadenando una buena acción a otra, sin dejar entre las uniones de la cadena la menor duda de su continuación?

30. La luz del sol es una, no obstante que esté dividida por murallas de montañas y otros mil obstáculos que la interceptan. La materia común es una, por más que se halle repartida entre la multitud incalculable de cuerpos distintos los unos de los otros. La vida es una, aunque esté repartida entre una infinidad de naturalezas particulares que tienen límites individuales. El alma inteligente es una, si bien parece que está repartida de una manera distinta. Salvo algunas excepciones, las partes que acabo de nombrar, por ejemplo, la respiración vital y la materia orgánica, están desprovistas de sentimiento y no tienen entre ellas ninguna afinidad; lo único que las retiene unidas es el espíritu universal y la ley común de la gravedad; pero el ser inteligente se inclina en general hacia su semejante para asociarse con él, y este instinto de sociabilidad es invencible.

31. ¿Qué es lo que deseas aún? ¿Es continuar viviendo? ¿Qué quiere decir? ¿Sentir, moverte, crecer, dejar de crecer; después, tener uso de la palabra, pensar?

De todas estas facultades, ¿cuál crees que es la más deseable? Si cada una por sí sola te parece poca cosa, ve, toma, como último recurso, el partido de obedecer a tu razón y a Dios. Pero obedecer de una parte, y, por otra, afligirse de que la muerte sea para el hombre la privación de todo, son dos cosas inconciliables.

32. ¡Qué corto es el espacio de tiempo que se nos da con relación al transcurso infinito de los siglos! Sin tiempo para pensarlo, desaparece en la eternidad. ¿Y nuestra parte de materia universal? ¿De alma universal? ¿Qué es, comparado con el resto, este rincón de tierra sobre el que te arrastras? Medítalo bien y limita tu ambición a conducirte como la Naturaleza exige y a soportar todo cuanto la Naturaleza común te impone.

33. ¿Cuál es el uso que tu razón hace de su poder? Porque el todo está ahí. Cuanto a lo demás, que dependa o no de su libre albedrío, no es sino muerte y humo.

34. No hay nada más natural para inspirar desprecio a la muerte que pensar que también la han despreciado aquellos que han considerado el deleite como un bien y el dolor como un mal.

35. Para el hombre que juzga que nada hay mejor que aquello que llega a punto, a quien le importa poco haber hecho más o menos actos conforme a la verdadera razón, que encuentra indiferente contemplar el mundo más o menos tiempo, para este hombre, digo, no tiene nada de terrible la muerte.

36. ¡Oh hombre! Has sido ciudadano de la gran ciudad. Que lo hayas sido durante cien años o durante tres, ¿qué te importa? Cada uno debe encontrar razonable aquello que es conforme a las leyes. ¿Tienes algún motivo para molestarte si eres arrojado de la ciudad, no por un tirano, ni por la iniquidad de un juez, sino por la Naturaleza, que te había admitido? Es como si un actor fuera despedido del teatro por el mismo empresario que le hubiese contratado. «Pero-tú dirás-yo no he representado los cien actos, sino solamente tres.» Tienes razón; pero, en la vida, tres actos componen la pieza entera. El autor que determina la extensión de la misma es el que no ha mucho compuso la intriga y que hoy termina el desenlace; tú no eres el autor ni de la una ni de la otra. Retírate, pues, con alegría, porque aquel que te despide es la bondad misma.

LA CRÍTICA LITERARIA

TODO SOBRE LITERATURA CLÁSICA, RELIGIÓN, MITOLOGÍA, POESÍA, FILOSOFÍA...

La Crítica Literaria es la librería y distribuidor oficial de Ediciones Ibéricas, Clásicos Bergua y la Librería-Editorial Bergua fundada en 1927 por Juan Bautista Bergua, crítico literario y célebre autor de una gran colección de obras de la literatura clásica.

Nuestra pagina web, LaCriticaLiteraria.com, es el portal al mundo de la literatura clásica, la religión, la mitología, la poesía y la filosofía. Ofrecemos al lector libros de calidad de las editoriales más competentes.

LEER LOS LIBROS GRATIS ONLINE
www.LaCriticaLiteraria.com

La Crítica Literaria no sólo esta dedicada a la venta de libros nacional e internacional, también permite al lector la oportunidad de leer la colección de Ediciones Ibéricas gratis online, acceso gratuito a mas que 100.000 páginas de estas obras literarias.

LaCriticaLiteraria.com ofrece al lector un importante fondo cultural y un mayor conocimiento de la literatura clásica universal con experto análisis y crítica. También permite leer y conocer nuestros libros antes del adquisición, y tener la facilidad de compra online en forma de libros tradicionales y libros digitales (ebooks).

COLECCIÓN LA CRÍTICA LITERARIA

Nuestro nueva **"Colección La Crítica Literaria"** ofrece lo mejor de los clásicos y análisis de la literatura universal con traducciones, prólogos, resúmenes y anotaciones originales, fundamentales para el entendimiento de las obras mas importantes de la antigüedad.

Disfrute de su experiencia con nosotros.

www.LaCriticaLiteraria.com